포브스의 그녀들

Forbes

힐러리, 오프라 윈프리에서 비욘세까지
포브스의 그녀들

이은영 지음

RHK
알에이치코리아

"젊은 날의 매력은 결국 꿈을 위해 무엇을 저지르는 것이다."

– 앨빈 토플러

대학 시절, 우연히 눈에 들어왔던 이 글귀. 그때의 다른 기억은 희미하지만 이 문장을 스치듯 읽었던 그 순간의 두근대고 흥분되던 느낌만은 아직도 선명하다. 그때 내 가슴은 누군가 써놓은 짧고 상투적인 글귀 하나만으로도 벅차오를 정도로 생생하게 살아 움직이고 있었다. 한없이 꿈꾸고 주저 없이 덤비던, 어찌 보면 무모한 에너지가 온몸을 지배하던 시절이었다. 하지만 시간이 흐르면서 그때의 감정들은 치열한 현실 속에서 잊혀진 지 오래고 마치 산타 할아버지의 정체를 알아버린 어린아이처럼, 희망의 속삭임에도 아무런 떨림이 느껴지지 않는다. 이미 나는, 내가 그토록 싫어하던 약한 모습의 어른이 되어가고 있었다.

이는 분명 필자만의 모습은 아닐 것이다. 비슷한 추억들을 공유하고 있고, 같은 고민들을 안고 살아가는 20, 30대의 청춘들. 그중에서도 무수히 많은 벽들에 부딪히며 살아가고 있는 여성이라면 누구나 한번쯤 이런 서글픈 변화와 마주쳤을 것이다. 이 책을 기획한 의도는 현실에 지친 여성들이 다시 강한 자신감으로 무장하고 자신의 꿈에 도전하게끔 하고자 함이었다.

점점 나약해지는 우리, 도전보다는 타협에 익숙해지는 우리, 자꾸 주저하는 우리, 무엇보다 꿈을 잃어가고 있는 이들에게 힘을 주고 싶었다.

그 떨림을 어디에서 다시 찾아야 하는 것일까? 문득 매년 발표되는 포브스의 리스트들에 시선이 갔다. 나를 약하게 만드는 것들과 결별하고 다시 한 번 당당히 일어서는 법을 그녀들에게

서 배우고 싶었다. 그녀들도 똑같이 차별받고 똑같이 좌절했지만, 당당한 모습만큼은 힘든 현실 속에 적당히 타협한 우리의 모습과는 사뭇 다르다. 그녀들에 대해 알아갈수록 느낀 분명한 차이는 오직 하나, 의지를 갖고 실천으로 옮기느냐 머릿속 상상으로만 만족하고 마느냐일 뿐이었다. 결국, 이들을 만든 것은 주변 환경이 아닌 자신들의 강인한 의지였다.

집필을 하면서 그녀들의 그런 치열하고 숨 막혔던 '그 순간들'을 자칫 너무 가볍고 쉽게 말하고 있는 것은 아닌지 끊임없이 고민했다. 하지만 이 시대의 청춘, 특히 이 시대의 여성들에게 그녀들의 삶이 조금이라도 자극이 되고, 다시 일어설 힘이 되어 줄 수 있다면 그녀들 또한 기꺼이 이름을 내어줄 것이라 믿는다.

이번 집필을 위한 자료 수집에서부터 탈고에 이르는 모든 시간이, 필자에게는 어떻게 살아가야 하는지 그 길을 모색하게 된 시간이었다. 막막한 현실에서 갈 길을 묻는 누군가에게 이 책이 작게나마 힘이 되기를 바란다.

이은영

CONTENTS

Part 02. 열정을 품은 그녀들

Part 03. 신뢰를 아는 그녀들

ebay

Part 06. 집념을 지닌 그녀들

Part 01.

도전을 보여준 그녀들

해보지 않고는 당신이 무엇을 해낼 수 있는지 알 수 없다

66

직위보다 성장성을 보세요. 그리고 자신이 할 일에 집중하세요.
임금이나 직급 같은 것은 회사가 성장하면 함께 커지게 되어 있습니다.
조건에 얽매이지 말고 당신의 능력이 필요한 곳이라면 어디든 찾아가세요.

99

셰릴 샌드버그
페이스북 최고운영책임자_ 포브스 선정 세계에서 가장 영향력 있는 여성 8위

Sheryl Sandberg

대담하게 달려드세요

Google

실리콘밸리의 한 회사를 걸어 나오던 셰릴 샌드버그의 눈에 눈물이 핑 돌았다.

"셰릴 샌드버그 씨. 당신이 정부에서 쌓은 경력이 대단히 훌륭하다는 것을 잘 알겠습니다. 하지만 이쪽 바닥에서는 전혀 도움이 되지 않을 것 같군요. 저희는 당신을 고용할 의사가 전혀 없습니다."

"그렇군요. 솔직하게 말해줘서 고맙습니다."

이렇게 아무렇지 않은 척 대담하고 문을 박차고 나왔어야 했다. 하지만 셰릴은 면접관의 직설적인 말에 당황하고 말았다.

"음… 그러니까… 아… 네……."

생각할수록 바보 같았던 자신의 모습에 화가 치밀었다.

클린턴 정부에서 재무부 비서실장으로 일하던 셰릴 샌드버그는 새로운 경력을 시작할 무대를 실리콘밸리로 정하고 몇몇 업체의 문을 두드렸지만 일자리 찾기는 쉽지 않았다. 정부에서 일하는 동안 기술 산업의 가능성을 간접적으로 지켜보았던 그녀는 이 분야에 뛰어들어보고 싶다는 욕망이 생겼다. 하지만 4개월로 계획했던 구직기간은 어느덧 1년이 다 되어가고 있었다.

'나는 정말 이쪽 분야에서 전혀 쓸모가 없는 걸까?'

그녀는 시간이 갈수록 점점 위축되어 갔다. 그러던 어느 날, 한 회사에서 연락이 왔다. 구글이라는 신생 회사였다. CEO인 에릭 슈미트와는 셰릴이 재무부에서 일할 때 몇 번 본 적이 있는 사이였다.

"셰릴, 당신과 함께 일하고 싶어요. 여기 와서 당신이 사업부 총괄 관리자를 맡아주었으면 좋겠어요."

줄어드는 은행 잔고 때문에 점점 조바심이 나기 시작할 무렵이었던 터라 그의 제안이 반가웠다. 그러나 한편으로는 고민이 되기도 했다. 제안이 들어온 자리는 현재 논의가 오가고 있는 다른 기업들과 비교했을 때 직급도 낮았고, 그녀가 맡게 될 업무 내용도 모호했기 때문이다. 당시 구글은 수익을 내는 사업 분야가 없다보니 재무부 출신인 그녀로서는 관리할 자산도 사업도 전혀 없었던 셈이다.

고민을 거듭하던 셰릴은 에릭을 찾아가서 고백했다.

"솔직히 말씀 드리자면, 저는 구글 합류가 좀 망설여져요."

그녀는 자신에게 주어진 기회와 일을 선택하는 기준 등을 비교한 대차대조표를 에릭에게 보여주며 속마음을 털어놓았다. 그러자 그녀의 얘기를 가만히 듣고 있던 에릭 슈미트는 대차대조표를 손으로 덮으며 말했다.

"셰릴, 바보 같은 짓 하지 말아요. 만약 당신에게 로켓에 탈 기회가 생기면 어떤 자리냐고 묻겠어요? 일단 그냥 로켓에 올라타요."

그녀는 돌아오는 내내 그의 말이 머릿속에 맴돌았다.

'맞아. 구글은 규모도 작고, 체계도 없지만 성장잠재력을 볼 때 로켓임이 분명해.'

결국 그의 얘기에 설득당한 셰릴은 구글에 합류하기로 마음을 굳혔다.

구글에서 셰릴에게 기대하는 것은 비상시를 대비한 자금 확보였다. 정계와 재계에서 일했던 그녀의 다양한 인맥을 높이 산 것이다. 하지만 셰릴의 생각은 달랐다.

"단순히 예비 자금을 끌어 모으는 것은 장기적으로 봤을 때 별로 도움이 되지 않아요. 실질적인 매출을 낼 수 있는 사업 모델을 만들어야 해요."

당시 구글은 뛰어난 검색 엔진으로 많은 사용자들을 끌어들였지만 정작 이렇다 할 수익을 창출하지는 못하고 있었다.

"애드워즈 사업을 새롭게 바꾸면 어떨까요?"

그녀의 생각은 이랬다. 사용자가 구글에서 무언가를 검색할 때, 광고주의 등록비용에 따라 해당 광고가 화면 상위에 보이게 하는 광고 형태로 접근하는 것이다. 그리고 광고주는 자신이 설정한 검색어가 몇 번이나 클릭이 되었는지도 직접 확인할 수 있다. 구글의 이러한 시도는 마땅한 광고 수단을 찾지 못하던 중소기업과 자영업자들에게 특히 큰 관심을 불러일으켰다.

덕분에 구글의 매출은 2001년 8600만 달러에서 2002년 4억 3900만 달러로 1년 만에 5배나 오르는 대기록을 세웠고, 세계 최대의 검색 포털 기업으로 성장하는 원동력이 되었다. 셰릴 또한 운영할 사업이 없는 사업부 총괄 관리자에서 글로벌 온라인 판매 및 운영부문 부사장이라는 자리에 올랐다.

현재 그녀는 페이스북으로 자리를 옮겨 최고 운영 책임자로 일하고 있다. 처음 그녀가 승승장구하는 구글을 떠나 신생 벤처 회사인 페이스북으로 갈 때 많은 사람들이 그녀의 행보에 놀랐다. 당시 페이스북도 초기의 구글처럼 수익 모델이 없어 적자에 허덕이고 있었다. 그리고 무엇보다 다들 왜 굳이 15살이나 어린 사장 밑으로 들어가려 하는지 이해하지 못했다. 하지만 그녀는 이미 구글에서의 경험을 통해 회사의 현재보다는 성장 잠재력이 더 중요하다는 것을 알고 있었다. 창의적인 아이디어를 가진 페이스북 또한 미래가 기대되는 새로운 로켓이라 확신한 것이다.

셰릴은 페이스북 공간 안에 '소셜 광고'를 넣어 페이스북을 돈 방석에 앉혔다. 친구들과 취미와 경험을 나눌 때 자연스럽게 다양한 광고에도 접촉할 수 있도록 한 플랫폼이다. 또한 이를 기반으로 서비스를 시작한 지 불과 8년 만에 세계 인구의 7분의 1을 가입시키는 놀라운 성과를 내는 데 일조하며 다시 한 번 저력을 과시하고 있다.

그녀는 평소 인터뷰나 연설에서 "우리는 사다리가 아니라 정글짐을 오른다"라는 말을 자주 한다. 우리의 경력이나 삶이 사다리처럼 무조건 위로만 올라가는 게 아니라 정글짐을 오를 때처럼 다양한 방향의 길을 통해 정상을 향해 가는 것이라는 얘기이다.

인생에는 사다리처럼 한 방향, 한 가지 길만 있는 것이 아니다. 그녀의 말처럼 정글짐 같이 길이 끝난 것 같은 위치에서도 정상을 향해 갈 수 있는 또 다른 경로가 반드시 존재한다. 그 다양한 길을 거쳐 가면서 당신은 더 많은 경험과 생각을 쌓을 수 있고, 다양한 각도에서 주변을 살펴 볼 수 있다. 대담하게 달려들어 보자. 당신이 발을 디딘 그곳이 바로 당신만의 정글짐이 시작되는 곳이다.

"

성공을 당신이 성장할 수 있는 발판으로 여길 수 있을 만큼
스스로에 대해 확신을 가지세요.
그래야 당신만의 아름다운 유산을 창조할 수 있어요.

"

비욘세

가수_ 포브스 선정 세계에서 가장 영향력 있는 여성 2위

Beyonce
당신의 선택을 믿으세요

2013년 12월 13일 금요일 자정 무렵이었다. 아이튠즈에 갑자기 〈BEYONCE〉라고 적힌 앨범이 올라왔다.

"비욘세? 설마 우리가 생각하는 그 비욘세 앨범은 아니지?"

"에이, 그럴 리가! 새 앨범이 발매된다는 얘기도 없었잖아."

사람들은 의아해하며 앨범을 유심히 살펴보았다. 거기에는 한두 곡이 아닌 무려 14개의 노래와 17개의 비디오가 담겨 있었다.

"세상에! 진짜 비욘세 앨범이잖아!"

사람들의 눈이 휘둥그레졌다. 놀란 것은 그녀의 팬들만이 아니었다. 앨범 발매 소식을 전혀 몰랐던 언론과 대형 미디어들도 당황하긴 마찬가지였다.

새 앨범의 갑작스런 아이튠즈 출현은 음반 업계의 통상적인 시스템을 모두 거스르는 방식이었다. 일반적으로 대규모 자본이 사용된 대형 아티스트의 앨범이 출시되면 보통 홍보에 총력을 기울인다. 특히 요즘처럼 음반시장이 침체된 경우 최소 제작비를 상회하는 이윤을 남기려면 어쩔 수 없었다. 작업 상황은 SNS로 실시간 중계되고, 앨범 막바지에는 일부 노래와 뮤직 비디오를 모든 채널로 선공개하여 사람들의 관심을 유도한다.

하지만 그녀는 이러한 모든 과정을 무시했다. 비밀리에 음반 작업을 마무리했고, 모두가 관심을 두지 않는 금요일 저녁에 자신이 직접 아이튠즈에 올렸다. 이는 매우 위험한 모험이었다. 음반 작업에 참여했던 관계자들은 비욘세의 이 계획을 강하게 반대했다.

"비욘세, 지금이라도 언론에 홍보를 좀 하는 게 어때? 심지어 금요일 밤이라 사람들이 앨범이 출시된 걸 더욱 모를 거야."

"맞아. 가뜩이나 불경기인데 홍보까지 안하면 결과는 불을 보듯 뻔해. 아마 사상 최저 음반 판매량을 기록하게 될 수도 있다고."

물론 그녀도 이를 모르는 게 아니었다. 특히나 이번 앨범의 경우 17개나 되는 모든 곡의 뮤직 비디오를 촬영하며 더 많은 제작비용이 들었다. 판매가 부진할 경우 타격이 어느 때보다 큰 상황이었다. 그럼에도 불구하고 그녀는 왜 이런 위험한 방법을 선택한 것일까?

비욘세는 어린 시절 마이클 잭슨의 노래를 오매불망하며 기다리던 일을 떠올렸다.

"비욘세, 마이클 잭슨 〈Thriller〉 뮤직비디오 봤어? 정말 끝내주지 않아?"

"너도 봤어? 난 어제 너무 흥분해서 밤새 한숨도 못 잤어."

처음 그의 음악을 들으며 느낀 떨림과 흥분이 아직도 가슴 한 켠에 남아있다. 그 누구의, 그 어떤 개입도 없이 온전히 가수와 자신, 둘만의 소통이었고, 교감이었다. 하지만 지금은 어떠한가? 사람마다 느끼는 감정이 모두 다른 법인데, 언론에 먼저 배포를 해버리면서 그들의 주관적인 평가가 마치 음악의 의도였던 양 왜곡되어 버리고 있다. 그녀 또한 자신의 음악이 제3자의 설명이나 의견으로 인한 선입견 없이 온전히 팬들과 직접 소통하길 원했다. 14개의 노래와 모든 곡마다 뮤직 비디오를 제작한 이유도 앨범 전체에 자신의 메시지를 담고, 팬들이 그것을 느끼길 원했기 때문이다.

"그래. 어떤 결과가 나오더라도 후회하지 않겠어."

그녀는 눈을 질끈 감고 전송 버튼을 클릭했다.

다음날, 뒤늦게 소식을 들은 일부 대형 미디어들이 부랴부랴 그녀에게 연락을 취해왔다.

"비욘세, 그렇게 갑자기 음반을 발매해서 깜짝 놀랐어요. 저희랑 같이 첫 공연을 준비하는 게 어때요? 지금이라도 대대적인 홍보를 준비해볼게요."

"아니요. 괜찮아요. 이럴 시간에 신인 가수들을 조금이라도 더 도와주시는 게 어때요? 홍보는 저보다 신인들에게 더 절실할 것 같은데요."

그녀는 수익에 매달리며 유명 가수들과의 작업에만 급급한 음반 관계자들의 태도를 꼬집으며 홍보 제안을 거절했다.

주변 사람들은 그녀가 선택한 방식을 걱정했고, 그녀의 속내와 내막을 알 리 없는 일부 사람들은 그녀의 이같은 행동을 '오만하다'고 평하기도 했다. 그렇다면 팬들은 어땠을까?

결과는 기대치 이상이었다. 비욘세의 앨범은 금요일에서 일요일까지 72시간 동안 오직 아이튠즈에서만 앨범 단위로 구입할 수 있었는데도 불구하고 미국에서의 62만 개를 포함하여 전 세계적으로 83만 개가 팔리는 대기록을 세웠다. 이는 아이튠즈 역사상 가장 빠른 판매 속도였다.

비욘세는 29살이 되었을 때 아버지이자 매니저인 매튜 놀스를 떠나 새 매니저를 고용하겠다고 공식 발표했다. 매튜 놀스는 딸이 십대 때 'Destiny's Child'로 데뷔할 때부터 그녀의 음악 스타일은 물론 영화, 패션, 사업 등 모든 부분에 관여하고 있었다. 하지만 그녀는 더 이상 아버지와 회사에서 원하는 방향대로만 하고 싶지 않았다. 이제는 자신이 하고 싶은 색깔의 음악을 하고 싶었다. 그래서 주변의 우려에도 불구하고 직접 자회사를 차려 앨범을 발표했다. 그렇다보니 운영상 서툰 점이 많았고, 노래 또한 혹평을 들었다. 이에 대한 비욘세의 생각은 어땠을까? 그녀는 이전에는 볼 수 없었던 환한 미소를 지으며 말했다.

"제가 하고픈 음악을 하고 있기 때문에 후회하지 않아요."

바로 그것이다. 내가 선택한 것이 반드시 좋은 결과만을 낳지는 않을 것이다. 어쩌면 끝없는 나락으로 떨어져 허우적거리게 될 수도 있다. 하지만 그럼에도 우리가 자신의 선택에 확신을 지녀야 하는 것은 매순간 하게 되는 그 선택들이 '진정한 당신'을 있게 하기 때문이다. 당신이 만들어 가는 진정한 당신의 모습. 그 자체만으로도 가치 있고 의미 있지 않은가?

"

힘든 순간이 닥쳐오면 피하기보다는
부딪히고 어떻게든 상황을 견디세요.
이겨내려고 노력하세요.

"

힐러리 클린턴

전 미국 국무부 장관_ 포브스 선정 세계에서 가장 영향력 있는 여성 2위

의연하게 대처하세요

1998년 가을. 힐러리 클린턴은 그녀의 인생에서 가장 힘든 시간을 보내고 있었다. 현직 대통령인 남편 빌 클린턴의 불륜 스캔들로 미국 전체가 들썩였기 때문이다.

"저는 제 남편을 믿어요. 지금의 이 상황은 남편을 대통령 직위를 박탈하기 위한 반대 세력의 거대한 음모라고 생각해요."

그녀는 불과 며칠 전까지 방송에 나가 남편을 옹호하며 힘을 실어주었다. 하지만 오늘 아침, 남편은 그녀에게 스캔들 상대자인 모니카 르윈스키와 몇 차례의 관계를 가진 일이 있다고 시인했다. 한마디로 불륜은 사실이었던 것이다.

20여 년을 함께한 남편의 배신과 거짓말만으로도 이미 크게 상처를 받았지만 더 끔찍한 것은 이러한 부부간의 문제가 둘만이 아닌 전 국민에게 까발려지며 폭로되고 있다는 사실이었다.

"당신이 어떻게 나와 첼시에게 그럴 수 있죠?"

힐러리는 남편에게 크게 실망했고, 그날 이후로 그와 한마디도 나누지 않은 채 혼자만의 시간을 보냈다. 대통령의 영부인이라는 자리를 떠나 한 여자로서 남편의 구체적인 불륜 사실이 언론과 사람들의 입에 오르내리는 게 수치스러웠다.

'과연 이 결혼생활을 유지할 수 있을까?'

머릿속이 복잡했다.

그 사이 빌 클린턴 또한 자신의 행동에 대한 대가를 톡톡히 치르고 있었다. 많은 국민들이 그의 행동과 거짓말에 실망했고, 61%였던 지지율은 51%로 급락했다. 어떻게든 대통령으로서의 명예를 지키려 안간힘을 썼지만 그럴수록 모든 상황들이 그를 더욱 벼랑 끝으로 내몰았다.

"힐러리, 얘기 들었어요? 하원에서 빌의 탄핵 절차가 진행되고 있대요. 빌을 대통령에서 끌어내리려 아주 작정을 했어요."

빌과 지인들은 백악관에 모여 이 상황을 어떻게 대처해야 할지 고심했다. 하지만 그녀는 그 자리에 일절 참여하지 않았다.

평소 그녀는 빌 클린턴의 선거 유세 때 '한 표로 두 명의 대통령을 얻는 것'이라고 스스로 말할 정도로 부인으로서 적극적으로 남편을 도왔다. 바쁜 남편을 대신해 홀로 해외 순방을 다니며 외교 관계를 개선시켰고, 어린이와 여성의 권리 보호를 위해서도 누구보다 앞장섰다. 힐러리가 없는 대통령 빌 클린턴은 상상할 수 없을 정도였다. 그런데 지금 미국과 세계는 그저 남편의 불륜 스캔들에만 집중했다. 경솔한 행동으로 상황을 이렇게 만든 남편이 그저 원망스러울 뿐이었다.

하지만 한편으로는 탄핵 소송으로까지 이어지자 누구보다 열심히 일하며 미국 경제를 일으킨 남편이 그저 '불륜을 저지른 대통령'으로 낙인찍히는 사실이 억울하기도 했다.

'이게 탄핵까지 거론되어야 할 정도의 문제일까?'

그녀는 지금 자신에게 놓인 상황 앞에 몹시 혼란스러웠다.

다음날, 상황은 더욱 나빠졌다. 언론은 예전의 구설수까지 거론하며 남편을 더욱 궁지로 몰았다. 그 누구도 쉽게 빌 클린턴을 위해 나서지 못했다.

그때 그의 편에 선 한 사람이 있었다. 바로 힐러리였다.

"솔직히 말씀드리면, 저는 남편으로서의 빌 클린턴은 신뢰하지 않습니다. 남편과 저는 앞으로 우리의 미래를 위해 많은 대화를 나누고 고통스러운 시간을 보내야 할 겁니다. 쉽지 않겠죠. 그렇지만 저는 대통령으로서의 빌 클린턴은 신뢰합니다. 그동안 옆에서 봐온 그는 미국 경제를 위해 누구보다 열심히 업무에 임했습니다. 그리고 많은 일들을 해냈습니다. 이렇게 비난을 받을 만큼 무책임하거나 문제 있는 사람이 아니라고 생각해요. 적어도 대통령 빌 클린턴은요."

남편을 떠날 것이라는 모두의 예상을 깨고 그녀는 불륜이 사실로 밝혀진 상황 속에서도 그의 곁을 지키며 힘을 실어주었다.

발언의 효과는 컸다. 그동안 그저 자극적인 불륜 사실에만 집중되었던 여론은, 도덕적으로 그의 행동을 비판할 수는 있지만 탄핵으로까지 이어질 상황은 아니라는 의견들이 지배적이었다. 그리고 결과적으로도 빌 클린턴의 지지율은 다시 상승해 70%대를 웃돌았고, 더 이상 그를 내쫓으려는 움직임도 거의 없었다.

물론 그렇다고 해서 그녀가 '남편 빌 클린턴'을 쉽게 용서할 수 있었던 것은 아니었다. 그녀는 자신이 쓴 책에서 이때를 회상하며 '남편의 목을 비틀어버리고 싶었다'고 말했을 정도로 남편에 대한 분노가 컸다. 둘은 심리 상담 프로그램까지 참여하며 서로의 관계를 회복하고, 상처를 이겨내기 위해 힘든 시간을 보내야 했다. 하지만 힐러리는 그건 빌 클린턴의 아내로서 감당해야 할 고통이라 여기며, 공적 영역과 사적 영역의 구분을 명확히 한 것이다.

"어린 시절 제가 친구 문제로 힘겨워할 때 저희 어머니는 이렇게 말씀하셨어요. '우리 집에는 겁쟁이가 살 만한 공간이 없다'고요. 그 후 힘든 순간이 닥쳐오면 피하기보단 부딪히고 어떻게든 상황을 견디고 이겨내려고 노력하게 됐어요."

그래서일까? 그녀의 의연함은 삶의 여러 상황 속에서 쉽게 찾아볼 수 있다. 뉴욕 상원의원 선거에 출마했을 때 경쟁 후보는 힐러리를 '뜨내기 출마자'라고 부르며 그녀가 뉴욕 출신이 아닌 외지인이라는 점을 들어 무시하고 깎아내렸다. 또한 영부인이라는 후광을 안고 선거에 출마하였다며 곱지 않은 시선을 보내는 이들도 많았다. 이때 그녀는 상대 후보의 원색적인 비난에 맞서기보단 자신이 외지인임에도 불구하고 왜 뉴욕의 의원이 되어야 하는지를 설득하는 데에 집중하며 승기를 잡았다. 또한 버락 오바마와의 민주당 대선 후보 경선에서는 패배가 확정되는 순간, 단 1초의 망설임도 없이 결과에 승복하며 버락 오바마를 적극 지지해주었다. 최선을 다하여 경쟁하고, 패배 앞에선 승자에게 아낌없는 축하를 보내는 그녀의 모습은 많은 이들에게 응원과 찬사를 받았다.

살면서 우리에게는 많은 위기의 순간이 닥친다. 그 위기를 기회로 만들지, 절망으로 만들지는 당신의 몫이다. 지금 당신이 위기의 순간에 놓였다면 당신 또한 이 말을 기억하길 바란다.

'우리 집에는 겁쟁이가 살 만한 공간이 없다. 어떻게든 견뎌내고 이겨내야 한다.'

당신은 이겨나갈 수 있는 힘을 충분히 가지고 있다.

66

세상보다 더 빨리 변하고 누구보다 기민하게 움직여야 해요.
적응 단계에 오래 머무르는 것보다는
더 많이 실패하더라도 빨리 움직이는 게 낫습니다.

99

인드라 누이
펩시코 CEO_ 포브스 선정 세계에서 가장 영향력 있는 여성 15위

실패하더라도 움직이세요

"피자헛과 KFC 등의 외식 사업 부문 자회사들을 매각해주세요. 대신 과일 주스 업체인 트로피카나와 게토레이 보유 회사인 퀘이커오츠를 인수하겠습니다."

인드라 누이 수석 부사장의 결정에 임직원들의 눈이 휘둥그레졌다.

"네? 매각이라니요? 지금 피자헛과 KFC는 우리 회사의 대표 브랜드들인데요. 상당한 매출을 올리고 있는데 갑자기 팔라는 게 무슨 말씀이세요?"

"거기다 음료 시장이라면… 요즘 들어 더 경쟁이 심해지고 있는데요? 음료 회사를 더 인수한다니요? 회사 전체의 적자로 이어질 거예요."

당황한 임직원들은 계속해서 반문했다.

인도에서 대학을 졸업하고 미국으로 건너온 인드라 누이. 그녀는 펩시로 대표되는 청량음료 제조회사인 펩시코의 수석 부사장이다. 아무리 평등을 추구하는 미국이라지만 여성이, 심지어 인도에서 태어난 이방인이 남성들의 장막을 뚫고 최고의 자리에 오르는 건 쉬운 일이 아니다. 심지어 최고 실무 관리자가 된 지금까지도 그녀를 바라보는 시선은 곱지 않았다. 곱기는커녕 대부분 못 미더워하는 눈치였다.

"압니다. 하지만 우리의 주력 사업은 음료 부문이잖아요? 초심으로 돌아가 하나라도 제대로 합시다. 모두 제 결정을 존중해 주세요."

그녀의 단호한 어투에 임직원들은 더 이상 말하지 못하고 회의실을 나와야 했다.

"요즘 다른 회사들은 한 군데라도 더 사업 영역을 넓히려고 난리인데 왜 갑자기 잘 되는 회사들을 팔겠다는 거야?"

"그러니까. 지금도 코카콜라에 치여서 겨우 버티고 있는데 음료 시장에 더 주력하겠다니 말이 돼?"

뜻밖의 매각과 인수 결정에 회사 직원들은 수군거리지 않을 수 없었다.

사실이 그랬다. 미국 음료 시장의 절반 이상을 차지한 코카콜라는 시장 점유율 25% 수준인 펩시를 겨냥해 말했다.

"더 이상 신경 쓸 필요를 못 느낀다."

그런 비아냥거림을 들을 정도로 펩시코는 음료 시장에서 많이 뒤처진 상태였다. 언론은 하나같이 펩시코가 강력한 구조조정 없이는 시장에서 살아남을 수 없을 거라고 보도했다. 이런 상황에서 매출이 좋은 효자 산업들을 포기하고 부진한 음료 산업을 더 키우겠다는 부사장의 결정은 납득이 가지 않는 선전포고였다.

"만약 이번 결정이 회사의 막대한 손실로 이어지면 당신이 어떤 식으로든 책임을 져야할 거예요."

"여기는 인도의 작은 구멍가게가 아닙니다. 수 천, 수 만 명의 삶이 달려 있다고요."

여기저기서 터지는 원성과 비난에도 그녀는 흔들림 없이 계획을 진행에 나섰다.

그리고 10년 뒤 어떤 일이 벌어졌을까?

펩시코의 매출액은 433억 달러로 319억에 머문 코카콜라를 크게 앞질렀다. 약 100여 년 만에 코카콜라의 아성을 무너뜨리고 음료 시장에서 당당히 1위를 차지한 것이다. 인드라 누이는 그 공을 인정받아 펩시코 경영의 역사상 최초로 여성 CEO가 되었다. 당시 구조조정 얘기까지 오가던 위기 속에서 어떻게 이러한 성과를 거둘 수 있었을까?

결정적인 것은 바로 인드라 누이 회장의 매각과 인수 결정이었다. 피자헛과 KFC의 매각은 오히려 그들이 거래하던 많은 대형 외식 업체들의 판로를 뚫는 계기가 되었다. 맥도날드와 버거킹은 그동안 펩시코를 경쟁사로 여겨 그들의 음료 사용을 꺼리고 있었다. 그런데 그들이 외식산업에서 손을 떼자 펩시를 매장에 반입해 펩시코가 더 큰 매출 효과를 누릴 수 있게 된 것이다.

또한 트로피카나와 퀘이커오츠의 인수를 통해 과일 주스와 이온 음료를 판매하기 시작했는데, 이는 소비자들이 점차 웰빙에 관심을 가질 것을 내다 본 탁월한 선택이었다. 소비자들은 탄산음료가 비만의 주된 원인이라 여기기 시작했고, 그로 인해 탄산음료 시장은 점점 위축되어 갔다. 이러한 때에 과일 주스와 게토레이 같은 웰빙 음료의 판매는 펩시코가 음료 시장에서 더욱 입지를 굳힐 수 있게 해주었다.

"아침에 일어나면 세상이 매일 바뀌고 있다는 '건강한 공포'를 느껴야 합니다. 이 공포를 이겨내려면 바뀌는 세상보다 더 빨리 변하고, 누구보다 기민하게 움직여야 해요. 적응 단계에 오래 머무르는 것보다는 더 많이 실패하더라도 빨리 움직이는 게 낫습니다."

인터뷰에서도 알 수 있듯이 당시 모두가 과감한 시도를 주저

했을 때 그녀는 자신의 판단에 대한 확신으로 과감한 추진력을 보였다. 그렇게 해서 더 큰 성과를 거둘 수 있었다.

인드라 누이의 파격적인 행보는 그 이후에도 계속되었는데, 그중 하나는 2012년까지 전 세계의 학교 내에서 고열량 청량음료를 판매하지 않겠다고 선언한 것이다. 청소년들이 좋아하는 청량음료를 판매하는 입장이지만, 이익을 위해서 어린 학생들의 건강을 해치지는 않겠다는 깨끗한 기업 이미지를 만들어 낸 것이다. 또한 다양한 종류의 음료를 판매하여, 건강에 해롭다는 이미지가 강한 탄산음료의 비중을 크게 낮추었다.

2015년 현재 인드라 누이는 연간 1360억 원 이상의 수입을 올리며 현금소득 기준으로 미국 내 여성 임원 중 가장 많은 연봉을 받는 것으로 알려졌다.

콜럼버스가 인도(실제로는 아메리카 대륙)를 발견했을 때 스페인의 이사벨라 여왕은 환영식에서 그를 칭송하며 파격적인 대우를 해주었다. 그러자 이를 시기한 일부 사람들은 그를 깎아내리려고 트집을 잡았다.

"인도는 항상 그 자리에 있는 땅이니 배를 타고 계속 가다보면 결국 발견하게 되는 거 아닙니까?"

"맞아. 가기만 했으면 누구라도 발견했을 걸요."

그러자 이를 가만히 듣고 있던 콜럼버스는 식탁 위에 놓인 달

갈을 가리키며 말했다.

"누구든지 저 달걀을 세울 수 있는 사람은 세워보시오."

그의 말에 모든 이가 달걀을 세우기 위해 노력했지만 될 리가 없었다. 콜럼버스는 달걀의 한쪽 끝을 조금 깨뜨린 후 달걀을 세웠다.

"장난해요? 그렇게는 누가 못합니까?"

"그래서 당신은 그렇게 해봤습니까? 해보지 않았으면 말을 마시오."

말로는 모든 게 쉽고, 어떤 일이든 성과를 낸 후 보면 의외로 간단하게 보일 때가 많다. 하지만 무슨 일이든 처음 시작하는 것은 쉽지 않다. 큰 용기와 과감한 추진력이 필요하다. 콜럼버스가 서쪽 항해에 도전한 당시는 다들 지구가 정육면체라고 믿고 바다의 끝에 높은 낭떠러지가 있다고 믿는 시대였다.

그런 상황 속에서 두려움이 가득한 선원들을 설득하며 항해를 계속하는 과정은 쉽지 않았을 것이다.

"인드라 누이는 단지 운이 좋았던 거야."

그녀를 깎아내리는 시선도 많다. 하지만 구조조정만이 살 길이라는 의견이 다수인 상황 속에서, 모두 반대하는 의견을 혼자만 주장하는 것이 쉬웠을까? 지지해주지 않는 사람들 속에서 그 결정을 추진하는 것이 수월했을까? 인드라 누이가 얼마나 큰 용기를 품고 인내의 과정을 겪었는지는 본인만이 알 것이다.

'자기가 원하는 목표를 향하여 대담하게 행동하라. 안 하는 것보다는 실패가 오히려 낫다.'라는 말이 있다. 지금 무엇인가 주저하고 있는가? 당신이 옳다고 생각한다면 용기를 내어 계속 추진하라. 당신의 판단이 곧 정답이다.

당신이 열정을 바칠 수 있는 일을 선택하세요.
그리고 선택했다면 일단 뒤돌아보지 말고 달리세요.
사실 선택보다 그게 더 중요하답니다.

안젤라 아렌츠
애플 부사장(전 버버리 CEO)_ 포브스 선정 세계에서 가장 영향력 있는 여성 25위

Angela Ahrendts

변화를 두려워하지 마세요

2014년 봄, 애플의 사내 이메일로 CEO인 팀 쿡이 직원들에게
메시지를 보내왔다.

'그동안 버버리를 이끌던 안젤라 아렌츠 씨가 애플 소매부문 수
석 부사장으로 합류해주시기로 하였습니다. 그녀의 탁월한 감각과
운영 능력은 애플이 집중하는 가치와 혁신을 더욱 견고하게 해줄 것
이라 확신합니다. 그녀가 우리 팀에 합류하게 되어 매우 설렙니다.'

하지만 정작 그녀의 영입 소식을 접한 애플의 직원들은 얼떨
떨한 분위기였다.

"버버리라고? 그 체크무늬 코트를 만드는 회사?"

"언제부터 애플이 패션회사였지?"

"설마 영화 '악마는 프라다를 입는다'에 나오는 그 마녀 같은

여자는 아니겠지?"

직원들은 하나같이 그녀의 합류를 두고 의아해했다. 그런 반응은 어쩌면 당연했다.

안젤라 아렌츠. 그녀는 대학을 졸업하자마자 30년 이상을 패션업계에서 일한 잔뼈가 굵은 여성이었다. 그런 인물이 IT업계에 합류할 것이라고는 누구도 예상하지 못했을 것이다. 심지어 지인들조차 말들이 많았다.

"안젤라, 한 회사의 CEO로 일하다 누군가의 밑으로 들어가 일한다는 게 결코 쉽지 않을 거야."

"맞아. 게다가 애플이라고? 자고 일어나면 어제의 신기술이 구시대의 유물처럼 바뀌어 있는 게 바로 IT바닥이야. 쉰 세 살인 네가 젊은 기술자들을 끌고 갈 수 있겠어? 왜 좋은 자리를 박차고 나가 고생을 하려는 거야?"

친구들은 그녀를 이해하기 힘들어했다. 그녀는 패션업계의 대모이자 버버리의 살아있는 전설과도 같은 존재였다. 버버리는 한때 150년이라는 오랜 전통이 노쇠한 브랜드라는 인식으로 이어져 소비자들에게 철저히 외면 받으며 무너져가고 있었다. 그때 버버리를 지금의 프리미엄 브랜드로 탈바꿈시킨 것이 그녀였다. 버버리 제품의 고전적인 매력에 현대적인 세련미를 더해 젊은 소비자들의 마음을 사로잡은 것이다. 그녀는 업계의 인정을 받으며 탄탄대로를 걷고 있었다.

애플과 안젤라 아렌츠의 조합은 양쪽 모두에게 의외의 선택이었다. 과연 그들은 어떤 계기로 서로에게 강한 매력을 느끼게 된 것일까? 시간은 한 달 전 버버리의 패션쇼로 거슬러 올라간다.

"이게 정말 아이폰으로 찍은 거라고? 와! 대단한 걸?"

2014 S/S 버버리 프로섬 컬렉션 쇼는 평소 패션에 관심이 없는 사람들에게까지 회자되며 큰 관심을 불러 일으켰다. 바로 애플사와의 공동 작업 덕분이었다. 그날, 패션쇼의 현장은 모두 아이폰 5s로 촬영되어 버버리 웹사이트는 물론 페이스북, 트위터 등의 SNS로 실시간 중계되었다. 기존 제품보다 훨씬 선명해진 아이폰 카메라로 패션쇼를 중계한다는 사실이 알려지자, 스마트 기기에 관심이 많은 젊은이들도 호기심 어린 눈으로 패션쇼를 지켜보게 되었는데, 이것은 애플 입장에서도 업그레이드된 아이폰의 카메라 기술을 보여줄 수 있는 절호의 기회였다. 결국 패션쇼는 양사 모두에게 홍보 효과를 톡톡히 안겨주며 성공적으로 마무리되었다.

그 후 안젤라 아렌츠는 50대의 중년임에도 불구하고 IT산업의 기술에 매료되었다. 물론 자신이 디지털 시대를 접하고 자란 세대도 아니고, 엔지니어들의 전유물인 기술을 잘 알지도 못하지만, 30년간 패션계에서 일하며 쌓아온 디자인에 대한 안목과 지식들이 IT산업의 기술과 접목되면 근사한 무언가를 만들어 낼 수 있을 것이라 확신했다. 그래서 애플로부터 러브콜이 왔을 때 새로운 도전을 시작하게 된 것이다.

이러한 생각은 애플도 마찬가지였다. 애플의 창립자인 스티브 잡스는 종종 이렇게 말했다.

"나는 비즈니스맨의 몸 안에 예술가가 들어가 있다."

스티브 잡스가 끌고 온 애플은 디자인적인 부분에 상당한 심혈을 기울인다. 한 예로 2004년, 시카고의 주력 매장 앞에 놓을 인디애나 석회석 샘플을 확인할 때 잡스는 양동이에 물을 떠오게 시킨 후 돌에다 그 물을 거칠게 뿌렸다. 디자인팀이 거세게 비바람이 몰아치는 날에 매장 앞의 석회석이 어떻게 비쳐질지도 고려하였는지를 확인하기 위해서였다. 그런 수장의 밑에서 일해 온 이들이니 안젤라의 뛰어난 패션 안목은 충분히 탐이 날 수밖에 없었을 것이다.

2014년 봄, 안젤라 아렌츠는 8년간 지켜온 버버리의 CEO자리를 내려놓고 애플의 수석 부사장으로 합류했다. 그녀는 현재 430여개의 점포와 온라인 스토어를 총괄 감독하면서 애플의 제품들에 그녀 특유의 세련된 패션 감각을 입히고 있다. 자신의 능력을 새로운 분야에도 기꺼이 뛰어들어 접목시킬 줄 아는 그녀의 용감한 도전은 2015년 애플 워치의 출시를 통해 다시 한 번

빛나고 있다.

'변하지 않는 것은 변한다는 사실뿐이다'라는 말이 있다. 세상은 빠르게 변하고 있고, 변화를 두려워하며 그 자리에 멈춰 있으면 우리는 도태될 수밖에 없다. 인간의 진화에 대해 연구한 찰스 다윈은 『진화론』에서 이렇게 말했다.

"결국 마지막까지 살아남는 종은 지적 능력이 뛰어난 것도, 체력이 강한 것도 아니다. 변화하는 환경에 잘 적응하는 종만이 살아남는다."

안젤라 아렌츠가 이끈 버버리가 150년의 오랜 전통을 버리고 다양한 변화를 추구했을 때에도, 그녀가 버버리를 떠나 애플에서 새로운 도전을 시작할 때에도 이를 지지하는 사람은 많지 않았다. 변한다는 것은 너무 위험했기 때문이다. 하지만 그녀도 회사도 두려움을 극복했고, 결국 살아남았다.

우리도 마찬가지다. 그 누구도 변화를 거부할 수 없다. 변화를 거부하고 세상과의 문을 닫고 산다면 결국 도태될 뿐이다. 변화를, 시도를 두려워하지 말자. 변화하지 않는다면 더 나아지지 않는다. 당신의 인생은 변화와 시도가 만들어 내는, 거칠지만 아름다운 작품이다.

Part 02.

열정을 품은 그녀들

절실하지 않은 자는 꿈을 꿀 수 없다

66

상대의 눈치를 보며 무조건 'Yes'를 외쳐서는 안돼요.
진정한 소통을 위해서는
입을 열고 당신의 의견을 말해주세요.

99

우르술라 번스
제록스 CEO_ 포브스 선정 세계에서 가장 영향력 있는 여성 29위

Ursula Burns

아니라고 말할 수 있어야 해요

"여러분의 생각은 어떤가요? 오늘 회의 결과가 잘못됐다는 사실, 우리 모두 알고 있어요. 하지만 아무도 말하지 않고 침묵을 지키고 있죠. 혹시 이런 식으로 회의가 끝난 뒤에 '차라리 말이라도 해볼 걸' 하는 후회를 해본 적이 한 번이라도 있나요? 그럼 차라리 지금 의견을 얘기하세요."

제록스 회의실, CEO인 우르술라 번스가 직원들을 향해 말했다. 그녀는 자신의 말을 잠자코 듣고만 있는 직원들의 모습을 이해하면서도 답답했다. 같은 사안을 보더라도 CEO의 입장과 실무진의 입장은 분명 다르다. 활발한 논의가 이루어진다면 반론을 통해 서로가 보지 못하는 부분을 볼 수도 있고, 논의가 잘못되어 가고 있다면 그것에 제동을 걸 수도 있다. 하지만 지금 대부분의 직원들은 그저 회사의 지시를 따르기에 급급했다.

"물론 임원진이나 회사의 방침에 반론을 제기하는 게 쉽지 않다는 건 알아요. 하지만 이런 건설적인 논의는 꼭 필요해요. 회의가 끝난 후 자리로 돌아가 후회나 아쉬움이 남을 것 같다면 지금 편히 말해주세요."

그러자 침묵을 지키며 서로의 눈치를 살피던 직원들이 하나둘 자신의 생각을 이야기하기 시작했다.

"제 생각에…… 이번 인수는 회사에 적자를 가지고 올 수도 있기 때문에 무리해서 추진하는 건 약간 위험한 것 같아요."

"음, 저는 오히려 중국 시장을 노리려면 활발한 인수를 통해 기반을 다져야 한다고 봐요."

"굳이 인수가 아니더라도 공격적이고 차별화된 마케팅으로 시장에 접근할 수도 있죠."

조용했던 회의실 안 여기저기에서 의견이 쏟아졌다. 각 부서의 입장을 담은 활발한 논의가 이어지자 우르술라 회장의 입가에도 미소가 번졌다.

'자신의 의견을 당당히 제시한다는 게 얼마나 중요한지, 얼마나 큰 힘을 가지고 있는지 여러분도 곧 알게 될 거예요.'

그녀는 20년 전 자신의 모습을 떠올렸다.

"지금 우리 회사에 필요한 건 무엇보다 인원 감축입니다. 인력이 많다고 해서 그만큼 회사가 성장하는 것은 아니라고 봐요. 오히려 적은 인원으로 큰 기적을 보여준 회사들이 더 많죠."

1991년, 제록스의 CEO인 폴 알레어 사장이 임직원 회의에서 인원 감축의 필요성에 대해 말하고 있었다. 확신에 찬 그의 열변에 누구도 반론을 제기하지 못했지만 회의실에 앉은 대부분의 임원진들은 그 생각에 동의하지 않았다.

조용한 회의실, 침묵을 깨고 사장의 말에 이의를 제기하는 사람이 있었다.

"사장님, 솔직히 조금 혼란스럽습니다. 사장님께서는 항상 인원 감축을 외치시지만 정작 우리 회사는 매월 천 명의 인원을 늘리고 있습니다. 사장님께서 말씀하시는 고용 중단을 실천할 수 있는 사람이 과연 몇이나 될까요?"

그녀는 힉스 부사장의 비서로 있던 30대 초반의 우르술라 번스였다.

우르술라는 가난한 흑인 이민자의 딸로, 뉴욕 빈민가에서 어린 시절을 보냈다. 어머니 혼자 삼남매를 키우다 보니 생활은 항상 빠듯했다. 이웃들은 대부분 술주정뱅이거나 백수, 마약과 술, 도둑질에 빠져 사는 사람들이었다. 하지만 그녀는 주변의 상황에 개의치 않았다.

"네가 사는 곳이 네가 누구인지를 말하는 것은 아니란다."

평소 어머니가 해주신 말씀 덕분에 그녀는 가난 속에서도 항상 당당했고, 자신감을 잃지 않을 수 있었다.

'내가 누구인지 말할 수 있는 건 나 자신뿐이야.'

그녀는 공부를 할 때에도 일을 할 때에도 당당한 자신의 모습을 잃지 않았다.

"우르술라 번스라고 했나요? 아까 좋은 지적을 해줘서 고마워요."

회의가 끝난 후 폴 알레어 사장이 다가와 말했다.

"아닙니다. 혹시 무례한 질문이었다면 죄송합니다."

"무례하다니요. 전 오히려 제가 보지 못한 부분들을 그렇게 지적해줄 수 있는 직원이 더 좋습니다. 무조건 따르기만 한다면 무슨 발전이 있겠습니까? 앞으로 제 수석 비서로 일해보는 건 어때요?"

"네? 수석 비서요?"

우르술라 번스는 사장의 제안에 깜짝 놀랐다.

"함께 일해봅시다. 힉스 부사장에게는 제가 말해두도록 하죠."

폴 알레어 사장은 갑작스런 제안에 어리둥절한 표정을 짓고 있는 그녀에게 악수를 건넨 후 회의실을 나갔다.

그 후, 우르술라 번스는 수석 비서에서 전 세계 생산담당 부사장을 거쳐 제록스의 CEO가 되었다. 제록스는 기존의 '복사기

회사'라는 이미지를 벗고 기업의 비즈니스 프로세스와 문서 환경을 관리해주는 서비스 기업으로 거듭났다. 소신 있는 발언이 보여준 놀라운 기적이었다.

그녀가 처음 제록스에 발을 내디뎠던 때는 대학교 졸업을 앞두고 제록스에서 두 달간 일할 수 있는 기회가 왔을 때였다. 짧은 시간이었지만 그녀는 자신의 능력을 확실히 보여주었고, 졸업 후 함께 일하는 조건으로 회사 측으로부터 학비를 지원받아 대학원까지 마칠 수 있었다. 그녀가 이렇게 실력을 인정받을 수 있었던 것은 자신의 의견을 솔직하고 당당하게 이야기해 임원들로부터 여러 차례 주목받았기 때문이다.

아무리 뛰어난 실력을 가지고 있어도 그것을 밖으로 내보이지 않으면 아무도 알아주지 않는다. 침묵은 더 이상 겸손이 아니다. 때로는 당당히 자신의 의견을 주장하고 'NO'라고 말할 수 있는 용기가 필요하다.

66

나는 항상 실패에서 많은 것을 배웠어요.
그래서 나의 딸들과 직원들에게 새로운 것을 하는 것을 두려워하지 말고
시도하라고 말합니다.
새로운 것을 실험하라고 부추깁니다.

99

아리아나 허핑턴
허핑턴 포스트 CEO _ 포브스 선정 세계에서 가장 영향력 있는 여성 61위

몇 살이든 자유롭게 꿈꾸세요

HUFF
POST

"허핑턴 포스트는 '폭탄'이다. 폭발해서 없어지기 위해 만들어졌다. 이것저것 섞어놓은 이 웹사이트 사업은 살아남기 힘들 수밖에 없는 실패작이다."

〈LA위클리〉의 니키 핑크 기자는 허핑턴 포스트가 출범한 지불과 몇 시간 뒤 '아리아나의 블로그가 망하는 이유'라는 글을 썼다.

"이 기자 도대체 뭐야? 너무 무례한 거 아니야? 아리아나, 이렇게 가만히 있을 거예요?"

"맞아요. 우리도 대응을 해야죠."

허핑턴 포스트의 직원들은 글을 보며 분노를 삭이지 못하고 있었다.

"우리가 폭탄인지 아닌지 증명해 보이면 되죠. 이런 비난에 너무 신경 쓰지 마요. 자자, 일들 하자고요. 그래야 폭탄처럼 안 터지죠."

아리아나 허핑턴은 오히려 직원들을 달래며 애써 웃어 넘겼다. 이러한 반응에 이미 익숙해진 그녀였다.

"아리아나, 정신 차려! 인터넷 사업은 20대들이나 하는 거라고! 넌 50대야."

"맞아. 네가 그동안 취미로 블로그를 쓴 것과 사업은 엄연히 다르다고."

그녀가 사업을 시작한다고 했을 때 모두 똑같은 말들을 하며 그녀를 말렸다. 심지어 언론사들도 그녀의 사업을 두고 말들이 많았다.

'간단한 축하 인사만 건네줘도 되는데 다들 참······.'

쉰다섯, 늦은 나이에 온라인 미디어 사업을 시작한 아리아나는 주변의 반응에 속상한 마음을 감출 수가 없었다.

그녀가 온라인 미디어 사업에 관심을 가지기 시작한 것은 2년 전 캘리포니아 주지사에 출마하면서부터였다. 비록 선거는 실패했지만 선거운동을 하면서 온라인 미디어의 위력을 다시 한번 확인했다.

'내 선거 홍보물이 이렇게 순식간에 퍼지다니!'

그런데 그 대단한 홍보 위력에 비해 어떤 이슈에 대하여 서로 대화하고 자유롭게 의견을 나눌 수 있는 공간은 많이 부족하다는 아쉬움이 들었다.

'나뿐만 아니라 다른 사람의 글들도 한 곳에서 볼 수 있는 통합 블로그를 만들자.'

그렇게 해서 탄생한 것이 바로 허핑턴 포스트였다. 허핑턴 포스트는 다양한 뉴스기사들을 읽는 것에서 그치는 것이 아니라 블로거들이 자신의 글을 자유롭게 올릴 수 있도록 했다. 또한 정치는 물론 이혼, 수면 등 일상과 관련된 다양한 주제들을 다루는 섹션도 마련해놓았다. 그렇다보니 일부 언론사에서는 허핑턴 포스트를 전문성이 떨어진다고 폄하하기도 했고, 언론 매체로서의 색깔이 모호하다고 비판하기도 했다.

"왜 기사에는 우리의 의견과 감정이 개입되면 안 되는 거죠?"

그녀는 주변의 비아냥거림에 개의치 않았다. 미디어 매체는 많은 사람들이 함께 생각하고 공유하는 자유로운 소통의 창구 역할도 해야 한다고 생각했다. 그리고 그것을 증명해 보였다. 2012년, 이라크와 아프가니스탄 전쟁 중 심각한 부상을 당해 귀국한 상이군인들이 장애를 가진 채 사회에 적응을 하며 겪는 문제들을 다뤄 보도한 '전장을 넘어서'로, 최고 권위의 언론상인 퓰리처상을 받은 것이다. 그녀는 전쟁터에서 돌아온 후 대중의 관심에서 멀어진 채 온전히 그들의 몫으로만 남아버린 전쟁의 상처와 힘겨운 지금의 삶을 담담하게 보여주었다. 10회로 구성된 기획 기사는 많은 이들의 공감을 사며 큰 반향을 일으켰다. 그녀는 당시 수상을 하며 이렇게 말했다.

"그동안 허핑턴 포스트는 항상 객관적이면서도 독창적인 기사를 제공하기 위해 노력해 왔습니다. 독자들의 삶에 긍정적인 영향을 주기 위한 노력들이 인정을 받은 것 같아서 정말 기쁩니다."

그녀의 굽히지 않은 신념과 도전이 빛을 발하는 영광스러운 순간이었다.

2005년 직원 수 3명으로 시작한 허핑턴 포스트는 불과 6년 만에 『뉴욕타임스』, 『월스트리트저널』 등 굴지의 언론사 웹사이트들을 제치고 방문자수 1위를 기록했고, AOL사에 3억 1500만 달러(약 3800억 원)에 매각되었다.

"아리아나, 예전 허핑턴 포스트를 '폭탄'에 비유했던 건 제 잘못된 생각이었어요. 혹시 저도 사이트에 기사를 올릴 수 있을까요?"

허핑턴 포스트가 점점 입소문을 타고 많은 댓글들이 달리며 최고의 트래픽을 자랑하게 되자 그녀에게 악담을 퍼부었던 기자는 정중히 사과하며 자신의 기사를 올려줄 것을 부탁했다.

아리아나 허핑턴은 부딪히고 넘어져도 항상 다시 일어섰다. 케임브리지대학의 유명 토론팀인 케임브리지 유니언에 가입하여 토론을 할 때에는 그리스식 억양 때문에 놀림거리가 되곤 했다. 또 대학을 졸업한 후 '리더의 자질'을 주제로 하여 쓴 책은 36군데의 출판사로부터 거절을 당하기도 했다.

그럴 때마다 그녀는 포기 대신 도전을 선택했다. 토론회에서 놀림거리가 된 후 학생들은 그녀가 다시는 토론장을 찾지 않을 것이라 예상했지만 그 후에도 꾸준히 참여하며 결국 토론팀의 회장직까지 맡게 되었고, 책이 36번째 거절을 당한 뒤 주변에서는 다른 일을 찾아보라 권했지만 일 대신 은행을 찾아가 대출을 받아 버렸다. 수많은 두려움을 겪었지만 항상 그것을 정면으로 돌파해온 것이다.

끊임없이 꿈꾸고 끊임없이 실패하자. 실패는 결과가 아니라 과정이다. 당신은 그 과정을 통해 더 단단해지고 강해질 것이다.

"

누구나 기상천외한 아이디어와 통찰력을 가지고 있다고 생각해요.
많은 사람들이 일정한 때가 오기만을 기다리는데,
저는 그저 먼저 시작했을 뿐이에요.

"

엘리자베스 홈즈

테라노스 CEO_ 포브스 선정 세계에서 가장 영향력 있는 여성 72위

야망을 가지세요

싱가포르 유전자연구소에서 인턴으로 일하는 대학생 엘리자베스 홈즈는 현관 밖까지 길게 줄지어 선 환자들을 보며 한숨을 쉬었다. 2003년 현재, 중국과 홍콩 전역에 사스가 유행하고 있었다. 싱가포르에서도 검사를 받기 위한 사람들이 몰려들었고, 워낙 사람들이 많다 보니 치료가 아닌 단지 검사를 위해 하루 종일 줄을 기다리는 상황이 연출되고 있었다.

지금 그녀가 할 수 있는 건 한 명이라도 더 빨리 검사를 끝내는 것이었다. 하지만 이 또한 쉽지 않았다.

"꼬마야, 조금만 참으면 돼. 금방이면 끝나."

"싫어요! 나 주사 맞기 무섭단 말이에요!"

어린 아이들은 주사기만 보고도 사색이 되어 울음을 터뜨리고 발버둥치기 일쑤였다. 그러다보니 검사는 계속해서 지연되고 있었다.

"아이들이 무슨 잘못이 있겠어요. 우리 어릴 때를 생각해봐요. 저는 더 심했어요."

아이를 달래며 주사를 놓는 의사 선생님의 말에 그녀 또한 웃으며 고개를 끄덕였다. 엘리자베스 역시 어린 시절부터 주사 바늘과 피를 보는 것을 극도로 무서워했다. 물론 그 공포심은 어른이 된 지금도 마찬가지다.

'단순한 검사를 받기 위해 너무 많은 불편을 감수해야 하잖아. 좀 더 간단하게 검사할 수 있는 방법이 없을까?'

인턴을 마치고 미국으로 돌아와서도 싱가포르 연구소에서의 일들이 머릿속을 떠나지 않았다.

"학교를 그만두고 혈액 검사를 연구해보고 싶어요."

"넌 이제 겨우 1학년인데, 나중에 후회하지 않겠니?"

부모님은 딸의 선택을 존중하면서도 내심 걱정이 되었다. 하지만 그녀가 꼬박 일주일을 컴퓨터 앞에 앉아 한두 시간의 쪽잠을 자며 연구에 몰두하는 모습을 보니 마음을 돌릴 수밖에 없었다.

그녀는 학비를 종자돈 삼아 치료법Therapy과 진단Diagnosis의 합성어인 '테라노스Theranos'라는 이름의 회사를 차려 연구개발에 몰두했다. 하지만 19살의 나이에 시작한 이 도전은 결코 쉬운 게 아니었다. '간편하고 손쉬운 방법으로 혈액 검사를 할 수 있게 하자'는 목표와 아이디어는 좋았지만 '어떻게' 그것을 실현시킬 수 있는 지가 문제였다.

"아이디어는 좋지만 이건 불가능한 일이야."

"현재의 기술로는 어림도 없어."

한 해, 두 해 시간이 흐를수록 그녀와 뜻을 같이 했던 많은 동료들이 회사를 떠났다. 하지만 그녀는 포기하지 않았다. 매일 16시간 이상을 연구에만 몰두했다.

그렇게 10년이라는 시간이 흘렀다.

2014년. 미국은 포춘지에 실린 한 젊은 여성의 혈액 검사 기술로 떠들썩했다. 그녀는 바로 엘리자베스 홈즈였다. 엘리자베스는 피 한 방울로 최소 30가지 이상의 질환을 알아낼 수 있는 혈액검사 키트를 개발했다. 기존의 혈액검사 시 필요한 혈액양의 1000분의 1에 지나지 않는 양이었다. 또한 기존의 방식처럼 주사기를 통해 대량의 혈액 샘플을 채취해 검사하는 것이 아니라 작은 전자 바늘로 한 번 찌르기만 하면 검사가 가능했다. 간호사의 도움 없이 이용자가 스스로 검사할 수 있고, 비용도 기존 대비 10%에 불과한 놀라운 성과였다. 현재 그녀는 18개의 미국 특허와 66개의 비미국권 특허를 개인자격으로 보유했고, 다른 과학자들과 공동개발자로 이름을 올리고 있는 특허만 100건에 이른다.

테라노스사의 키트를 도입하는 것만으로도 미국 전역에서 향후 10년간 2000억 달러의 의료비용 절감효과가 있을 것으로 기대된다는 분석이 나올 정도이다.

그녀는 스티브 잡스처럼 항상 검은색 터틀넥만 입고 일을 한다. 큰돈을 벌고도 패션에 신경을 쓰지 않는 그녀에게 왜 그러는지 질문하자 '하루에 16시간씩 일하느라 옷에 신경쓸 거를이 없기 때문'이라는 답이 돌아왔다. 실제로 그녀는 스티브 잡스의 사진을 사무실에 걸어두고 있다고 전해진다.

여성들이 직장에서 남성들에 비해 상대적으로 승진에서 보이지 않는 차별을 받고 임금이 더 이상 올라가지 않는 상황을 '유리천장'이라는 말로 흔히 표현한다.

하지만 이 모든 것을 가능하게 한 사람 엘리자베스 홈즈는 자신의 성공의 요인을 이렇게 표현했다.

"유리천장이 있는 어느 곳이든 그 아래에는 철의 여인이 있어요. 최고가 될 수 있다는 생각은 모든 것을 바꾸죠."

에디슨은 전구를 발명한 후 이렇게 말했다.

"400번의 실험은 결코 실패가 아니었다. 나는 단지 그렇게 해서는 전구가 만들어질 수 없다는 400가지의 사례를 발견한 것뿐이다."

　테라노스의 제품 암호명도 '에디슨'이다. 에디슨처럼 반복되는
실패에 결코 굴하지 않겠다는 의미에서다. 그녀는 그렇게 10년
을 연구했다. 어떠한 시련이 닥치더라도 반드시 해내고 말겠다
는 의지였다. 당신은 지금 1000번을 실패하더라도 1001번째에 성공
하겠다는 각오가 되어 있는가? 끈질긴 근성으로 당신의 목표에 뛰어
들어 보자.

66

비록 수적으로 열세일지라도,
비록 여러분의 목소리가 작을지라도,
평화를 요구하는 것을 두려워하지 마세요.

99

엘렌 존슨 설리프
라이베리아 대통령_ 포브스 선정 세계에서 가장 영향력 있는 여성 96위

Ellen Johnson Sirleaf

불의를 비난하는 것을
두려워하지 마세요

2005년 아프리카 지역, '자유의 땅'이라는 뜻의 이름을 가진 나라, 라이베리아에서 오랜 독재 정치가 무너지고 국민에 의한 최초의 선거가 진행되었다. 대통령 후보로 나선 사람은 30대의 젊은 축구 스타 조지 웨어와 60대 후반의 노부인 엘렌 존슨 설리프였다.

조지 웨어가 등장하자 사람들이 환호성을 내질렀다. 그를 가까이서 보기 위한 자리다툼까지 벌어졌다. 그도 그럴 것이, 조지 웨어는 아프리카 축구를 세상에 알린 세계적인 축구 스타였다. 은퇴 후 정치계에 몸담은 지금까지도 인기는 여전히 뜨거웠다. 반면 유엔에서 아프리카 국장을 맡고 있던 엘렌 존슨 설리프에 대해서는 모르는 이들이 많았다. 누가 보아도 결과는 떼어 놓은 당상이었다.

하지만 노부인의 연설은 모든 상황을 바꾸어 놓았다.

"저는 제 평생을 라이베리아의 민주화를 위해 일했습니다. 여성에게 돈을 빌려주면 아이들을 돌보고 학교에 보내지만 남성에게 돈을 주면 쓸데없는 곳에 낭비할 때가 많죠. 여성인 제게 라이베리아의 정치와 경제를 맡겨주십시오. 어머니와 같은 마음으로 아프리카를 치유하겠습니다."

국민들은 라이베리아의 슬픈 역사와 함께 한 그녀의 삶에 관심을 갖기 시작했다.

1980년. 라이베리아에 쿠데타가 일어났다. 사무엘 도우는 대통령을 시해하고 반대 세력들을 총칼로 위협하며 정권을 차지했다. 하지만 국민들은 반복되는 쿠데타와 독재 정권에 점점 익숙해지고 있었다. 지금 그들에겐 누가 정권을 잡느냐보다 당장 먹을 빵 한 조각이 더 시급한 문제였기 때문이다.

엘렌은 독재가 당연하게 인식되는 현실이 안타까웠다. 무엇보다 국민들의 인식이 깨어나야 했다.

"여러분, 어떠한 경우든 무력으로 정권을 잡는 것은 용납될 수 없습니다. 지금 라이베리아는 쿠데타로 인해 전기가 끊기고, 주택이 파괴되었고, 많은 사람들이 죽었습니다. 과연 이게 라이베리아를 살리기 위한 행동입니까?"

그녀는 독재 정권이 들어설 때마다 이를 강력하게 비난하는 반독재 운동으로 오랜 감옥살이와 두 번의 망명생활을 해야 했다. 무력에 맞서는 것은 계란으로 바위치기와도 같은 무모한 짓이었지만 끊이지 않는 내란과 부정부패로 무너져가는 고국을 그저 바라보고만 있을 수는 없었다.

그리고 2005년, 드디어 라이베리아에도 새로운 바람이 불기 시작했다. 오랜 독재가 무너지고 미국의 제재로 국민이 직접 대통령을 선출하는 선거가 시작된 것이다.

"저는 라이베리아의 가능성을 알고 있습니다. 만일 변화를 몰고 올 수 있는 사람이 있다면, 그 사람은 인생의 그늘과 양지 모두를 대표할 수 있는 사람이어야 합니다."

엘렌은 연설을 통해 자신이 그동안 해온 험난했던 투쟁과 나라를 위해 앞으로 할 수 있는 일들을 알렸다. 국민들은 결국 젊은 축구 스타가 아닌 평생을 민주주의를 위해 애쓴 노부인을 선택했다. 아프리카에 최초의 여성 대통령이 탄생한 순간이었다.

엘렌은 취임과 동시에 깨끗한 정치를 위한 대대적인 개혁을 펼쳤다.

"제가 대통령으로 있는 한 부패는 우리 정부의 최대 공공의 적이 될 것입니다. 부패 척결을 위해 정부의 모든 힘을 동원할 것이며 싸울 것입니다. 특히 현재 나라의 살림을 책임지는 재무부는 비리와 부패가 너무 심각합니다. 그렇기 때문에 오늘부로 재무부 소속 공무원 전원을 해고합니다."

그녀는 취임과 동시에 300명의 관료를 해고하는 초강수를 두어 많은 사람들을 긴장하게 만들었다. 비리와 부패에 맞서겠다는 단호함을 보여주는 강력한 조치였다.

라이베리아를 살리기 위한 그녀의 노력은 이뿐이 아니다. 무엇보다 경제를 살리는 일이 시급했다. 라이베리아는 실업률이 80%를 넘고, 국민의 1/3이 먹을 것이 없어 끼니를 굶어야 할 정도로 가난에 허덕이고 있다.

"저는 라이베리아가 잘 살 수 있다면 어떤 일이든 하겠습니다. 우리를 좀 도와주십시오."

그녀는 직접 나서서 주변 국가들과 활발한 외교를 펼치며 나라가 지고 있던 빚을 탕감 받고, 190억 달러에 이르는 투자를 이끌어 내는 등 경제 개발을 위해 노력을 펼쳤다.

독재와 맞서고 평화와 성장을 위해 기울인 노력을 인정받은 그녀는 2011년 노벨 평화상을 수상했다. 현재는 재선에 성공하여 10년 가까이 라이베리아의 대통령을 맡고 있다. 해외에서의 편안한 삶을 뒤로한 채 기꺼이 위험과 공포가 가득한 라이베리아에 머무른 그녀는 거대한 비리와 부패 앞에서 좌절할 때마다 다시 일어나 당당히 맞섰다. "터브먼 정권은 도둑 정치를 하고 있다"라고 터브먼 대통령 앞에서 당당히 말할 정도로 부패 앞에 한 치도 물러서지 않았고, 그래서 무모하다 여겨졌던 그 작은 여인의 목소리는 이제 라이베리아에 새로운 희망의 아침을 열어 주고 있다.

평소 그녀는 젊은이들에게 이렇게 말한다.

"불의를 비난하는 것을 두려워하지 마세요. 비록 수적으로 열세일지라도, 평화를 추구하는 것을 두려워하지 마세요. 비록 여러분의 목소리가 작을지라도 평화를 요구하는 것을 두려워 마세요."

모두가 알듯 우리나라도 숭고한 희생들 덕분에 지금의 자유를 얻었다. 모두가 독재와 부정부패, 불의에 눈감았다면 지금과 같은 변화도 없었을 것이다. 우리 또한 그래야 한다. 그저 누군가 이루어줄 것이라 책임을 미루며 한 발 비켜서 있지 말자. 세상이라는 경기장 안에서 당신의 신념을 위해 기꺼이 싸울 수 있는, 당당히 당신의 목소리를 실을 수 있는 그런 뜨거운 가슴과 진정한 자존심을 지닌 청춘이길 바란다.

66

프라다의 성공은 생각보다 어렵지 않았어요.
남들과 다른 상품을 세상에 내놓으면 되었으니까요.
전 언제나 새로운 것에 도전하려고 노력해요.
도전은 늘 저를 흥분시키죠.

99

미우치아 프라다
프라다 수석 디자이너_ 포브스 선정 세계에서 가장 영향력 있는 여성 79위

해야 한다면 다르게 하세요

"할아버지 가업을 네가 이어받아 해보면 어떻겠니?"

"제가요? 말도 안돼요. 저는 디자인을 제대로 배워본 적도 없 잖아요. 패션업계 경력이라곤 엄마랑 이모를 돕는답시고 잠깐 아르바이트를 한 게 전부일 뿐인데요?"

처음 엄마가 이 얘기를 꺼냈을 때 미우치아 프라다는 농담을 하는 줄로만 알았다. 그런데 아니었다.

"난 네가 어렸을 때부터 얼마나 패션에 관심이 많았는지 잘 알고 있단다. 옷장에 있는 엄마 옷들까지 다 꺼내 입어봐야 직성 이 풀렸지. 너라면 이 매장을 다시 살릴 수 있을 거란 생각이 드 는구나."

"하지만… 엄마…"

미우치아는 선뜻 대답을 할 수 없었다. 패션에 관심도 많고 감각도 있는 그녀였지만, 운영은 그것만으로 되는 게 아니었다.

고급 가죽 제품을 전문으로 취급하는 프라다 매장은 미우치아의 외할아버지인 마리오 프라다가 창업한 가게였다. 여행을 좋아하던 그녀의 외할아버지는 세계 곳곳을 다니며 코끼리, 악어, 뱀 같은 희귀한 가죽들을 사용한 제품들을 수집하여 판매했다. 그중에서 단연 인기 있는 제품은 고급 가죽에 화려한 크리스털로 장식하여 세련되게 꾸민 가방과 트렁크였다. 외할아버지는 항상 최고급 가죽만을 고집했고 덕분에 이탈리아 왕가에까지 납품할 정도로 명성을 얻었다.

프라다에 위기가 닥친 건 제2차 세계대전 후부터였다. 전쟁 후 시대적 분위기는 크게 바뀌었다. 상류층이 드나들며 애용하던 프라다의 제품들은 점점 구시대 유물처럼 여겨졌고, 외할아버지가 돌아가신 후에는 파산 위기에까지 놓였다. 이런 상황에서 디자인에 대한 지식이 없는 그녀가 매장을 맡는다는 건 위험한 도박과도 같았다.

'과연 내가 잘할 수 있을까? 아니, 정말 하고 싶은 일이 패션일까? 할아버지의 명성에 누가 되면 어쩌지? 심지어 난 재단에 대해서도 모른다고!'

고민이 꼬리에 꼬리를 잇고 있었다.

'에잇! 뭘 그리 복잡하게 생각해? 난 지금 돈이 필요하고, 경제적으로 독립을 해야 해. 아니, 이미 너무 오랫동안 부모님께 의지했어. 이제 나 스스로 세상에 부딪혀 살아가야 할 때야!'

단순하게 생각하니 답이 쉽게 나왔다. 미우치아는 결국 엄마와 이모가 운영 중이던 프라다 매장을 이어받기로 결정했다. 그리고 한 번 마음을 정하고 나니 용기가 나고 욕심이 생겼다. 그녀는 매장 운영과 제품 생산에 적극적으로 관여하면서 조금씩 프라다에 변화를 주기 시작했다.

'명품 가방이라고 해서 꼭 가죽만 사용할 필요는 없잖아?'

그녀가 가장 먼저 시도한 것은 가방의 소재를 바꾸는 것이었다. 그녀는 대학에서 정치학을 공부하며 당시 많은 젊은이들이 그랬듯 공산주의 사상에 빠져 있었다. 그런 그녀에게 최고급 가죽으로 만들어진 프라다의 제품들은 항상 사치스럽게 느껴졌다.

'가죽을 대신할 소재가 필요해.'

가볍고, 실용적인 것. 젊은이답게 그녀가 가장 우선으로 두는 점이었다.

"찾았다! 저거야말로 딱이네!"

고민을 거듭하던 어느 날, 미우치아는 문득 트렁크 가방을 보호하기 위해 감싸져 있는 방수천에 시선이 꽂혔다. 그것은 군대에서 천막이나 낙하산에 사용하던 포코노라는 원단이었는데 매우 부드럽고 가벼웠다. 무엇보다 커피나 물을 쏟아도 물수건으로 쓱쓱 닦아내면 금세 지워지는 실용성이 매우 큰 소재였다.

"나일론으로 가방을 만든다고요? 말도 안돼요."

프라다 매장의 디자이너들은 그녀의 생각에 반대하고 나섰다. 당시만 해도 가방은 가죽으로 만들어야 한다는 생각이 확고했다. 저렴한 나일론을 사용한다니! 상상조차 할 수 없는 일이었다. 심지어 프라다는 최고급 가죽 소재만을 취급하는 명품 가방을 만드는 회사가 아닌가.

"시대가 변했어요. 우리도 좀 더 새로워져야 해요. 해야 한다면 다르게 해보죠."

미우치아는 디자이너들을 설득했고, 포코노 원단을 이용한 가방 제작에 들어갔다. 그리고 얼마 후, 검은 포코노 천에 가죽으로 테두리를 두른, 가운데에 삼각형 프라다 로고가 박힌 가방이 탄생하였다.

처음 가방이 출시된 후 시장의 반응은 냉담했다.

"역시 시도하는 게 아니었어요. 더 볼 것도 없어요. 실패예요."

업계에서도 혹평이 쏟아졌고, 소비자들도 큰 관심을 보이지 않았다. 어쩌면 당연한 결과였다. 포코노 천 가방은 당시 유행하던 디자인이나 소재와는 너무나 달랐다. 가방은 가죽으로 만들어야 세련되고 고급스럽다는 인식이 강할 때였다.

"사람들이 아직 가죽에만 익숙해서 그래요. 뭐든지 새로운 것을 받아들이는 데에는 시간이 필요하잖아요. 좀 더 기다려보죠."

그녀는 실용적인 이 가방이 분명 그 진가를 인정받게 될 것이라 믿었다. 그리고 그 예상은 적중했다. 얼마 후 가방은 불티나게 팔리기 시작했고, 가벼운 천 가방에 지도와 물병을 꽂고 거리를 다니는 게 젊음의 상징처럼 여겨지며 유행이 되었다. 화려하지 않고 심플한 디자인은 캐주얼뿐만 아니라 정장에도 잘 어울려서 젊은 사람들이 특히 좋아했다. 그녀가 처음 시도한 이 포코노 천 가방은 30여 년이 지난 지금도 매장에서 정상의 자리를 지키며 프라다를 대표하는 하나의 아이템이 되었다.

"위험한 게임에 뛰어들 때는 창피당할 각오를 해라."

프라다 가문의 가훈이다. 별다른 장식이 없는 단순한 디자인이 처음 나왔을 때 업계에서는 너무 밋밋하다는 혹평을 쏟아냈지만, 그 밋밋함이 파산 위기의 프라다를 살렸다. 심지어 이제는 '밋밋'한 게 아니라 '고상하고 지적'이라는 평을 듣고 있다.

외부의 평가나 시선을 의식하는 사람일수록 새로운 시도를 두려워한다. 하지만 무스운 것은 성과에 따라 그 평가 또한 수시로 달라진다는 사실이다. 그러니 주변의 평가에 너무 휘둘리거나 연연하지 않길 바란다. 그것만큼 감사하고 가벼운 것이 세상에 또 있을까.

Part 03.

신뢰를 아는 그녀들

신뢰받는 것은 사랑받는 것보다 더 큰 찬사이다

66

지금 우리에게 중요한 것은 단돈 몇 달러가 아니에요.
적은 것을 아끼려다 더 큰 대가를 지불할 수도 있어요.
상대의 마음을 잃는다면 더 큰 손실이 발생할 테니까요.

99

맥 휘트먼

HP CEO(전 이베이 CEO)_ 포브스 선정 세계에서 가장 영향력 있는 여성 14위

상대의 마음을 잃지 마세요

"안돼요. 모든 판매자에게 돈을 지불하면 우리는 400만 달러가 넘는 손실을 감수해야 해요. 회사에 너무 큰 타격입니다."

침울한 분위기가 감도는 이베이 회의실. CEO인 맥 휘트먼의 결정에 직원들이 반대하고 나섰다. 거액의 자금이 나가는, 회사의 존폐가 달린 문제였다. 하지만 맥 휘트먼은 물러서지 않았다.

"지금 우리에게 중요한 건 당장의 돈 얼마가 아니에요. 작은 손실에 연연하다 더 큰 대가를 치르게 될 수도 있어요. 무엇보다, 우리가 어떻게 하는 게 옳은 일이죠?"

옳은 일. 그녀의 말에 직원들은 아무 대답도 할 수 없었다.

1998년 6월, 온라인 중고거래업체로 조금씩 입지를 굳혀가던 이베이에 무슨 일이 벌어진 걸까?

며칠 전 이베이에는 거래 시스템이 중지되며 사이트가 다운되는 사고가 발생했다. 하필 기술 책임자가 베네수엘라의 오지로 휴가를 간 사이 벌어진 일이었다. 판매자와 구매자는 거래를 하지 못해 크고 작은 피해가 생겼다. 하지만 엔지니어들은 오류의 원인조차 찾지 못해 우왕좌왕하고 있었다.

"기술팀에 그 업무를 대신할 수 있는 기술자가 단 한 명도 없단 말이에요?"

맥 휘트먼은 아차 싶었다. 1990년대 후반만 해도 이제 막 온라인 사업들이 우후죽순 생겨나던 시기였고, 전자상거래 또한 초기 단계였다. 그렇다 보니 시스템상의 문제에 대한 대비책도 제대로 갖춰져 있지 않았고, 기술자끼리 업무 소통도 원활하지 못했다. 문제가 터지고 나서야 회사 시스템상의 허점을 간파하게 된 것이다. 하지만 이제 와서 후회한다고 무엇이 달라지겠는가.

"한시라도 빨리 해결하는 것이 급선무입니다. 모든 기술자들은 저와 함께 문제 복구를 위해 비상사태에 돌입하겠습니다."

그녀는 기술적인 부분들을 전혀 몰랐지만 기술자들과 끊임없이 논의하며 기술의 핵심을 빠르게 파악해 나갔고, 문제 해결에 매달렸다. 시스템상의 오류는 22시간 만에야 해결할 수 있었다. 하지만 안도의 한숨도 잠시, 더 큰 문제가 남아있었다. 바로 판매자들과의 계약 부분이었다. 계약서 조항에는 시스템이 중단된

동안 경매가 끝나버렸을 경우 판매자에게 이에 대한 배상을 하도록 규정되어 있었다. 문제는 이번 사고로 사실상 모든 경매가 영향을 받았다는 것이다.

이 사고에 대해 이베이의 CEO인 맥 휘트먼은 시스템이 중단되었을 때 거래되고 있던 모든 품목들에 대하여 수수료를 돌려주자는 결정을 내렸다. 하지만 그녀의 방침대로면 무려 400만 달러가 넘는 회사의 손실이 발생하게 될 것이었다.

"치명적인 피해를 입은 판매자에 대해서만 보상을 하면 되지 않을까요?"

"맞아요. 별다른 이의 제기도 없는데 굳이 먼저 나서서 보상하면 오히려 우리의 실수를 더 알리는 꼴이 될 거예요."

직원들은 그녀의 결정에 불만이 많았다. 큰 피해가 없는 판매자들은 회사에 별다른 이의를 제기하지 않고 있었다. 그런데 왜 굳이 먼저 나서서 보상을 하려는 건지 이해할 수 없었다. 하지만 그녀라고 직원들의 마음을 모르는 게 아니었다. 그녀 또한 많은 것을 포기하고 들어온 회사였다. 처음 이곳으로 자리를 옮긴 후 고객의 신뢰를 얻기 위해 고군분투하던 일들이 머릿속을 스쳤다.

보스턴의 유명한 완구회사인 하스브로에서 아동사업 부문장을 맡고 있던 그녀는 이베이로부터 이직 제의를 받았을 때 단번에 거절했다. 대학 졸업 후 디즈니를 비롯해 굴지의 회사에서 중

역으로 일하고 있는 그녀에게 '이베이'라는 무명의 회사가 매력적으로 다가올 리 없었다. 하지만 회사의 창립자인 오미디아르는 끈질기게 그녀를 설득했다.

"이베이는 장난감부터 고가의 전자제품에 이르기까지 다양한 상품을 판매하는 인터넷 중고 판매업체입니다. 아직은 작은 규모지만 우리는 무한한 잠재력과 가능성을 갖고 있어요. 그리고 성장을 위해서는 당신이 꼭 필요해요."

"휴, 제가 졌네요. 알겠어요. 한 번 들를게요."

거듭되는 제안에 그녀는 결국 이베이를 방문하기로 했다.

"이것 좀 보세요. 이베이에 접속하지 않으면 밤에 잠이 안 온다는 주부가 보낸 거예요. 그리고 이건 우리 회사에서 물건을 구입한 수집가가 보낸 거죠. 이용자들이 이렇게 꾸준히 늘고 있어요."

맥 휘트먼을 만난 이베이의 창립자 오미디아르는 상기된 얼굴로 이용자들의 편지를 보여주었다. 막상 회사에 와서 보니 그녀가 보기에도 이베이는 작은 신생 회사지만 분명 성장가능성이 커 보였다. 하지만 단순히 가능성만을 믿고 선뜻 이직을 결정할 수는 없는 노릇이었다. 무엇보다 그녀는 현재 보스턴에 살고 있고, 이베이는 캘리포니아에 있었다.

'전자상거래가 아직 활성화되지 않았지만 머지않아 인터넷

거래가 활발하게 이루어질 거야. 그래, 한 번 해보자.'

맥 휘트먼은 고심 끝에 보스턴에서 안정적인 생활을 하고 있는 남편까지 설득해 캘리포니아로 이사왔다. 1998년, 직원 수 30명. 창립한 지 고작 3년밖에 되지 않은 회사에 가기 위해 많은 걸 포기한, 어찌 보면 무모한 도전이었다.

"구매한 상품에 대해 사용자가 평가를 할 수 있는 공간을 만들어주세요. 좀 더 객관적인 평가가 이루어지게 말이죠. 그리고 무기 같은 불법적인 상품이 거래되지 않도록 모니터링 인력도 더 확대해주시고요."

그녀는 취임 후 무엇보다 온라인 회사의 약점이라 할 수 있는 상품의 품질 보장과 회사에 대한 신뢰를 쌓기 위해 노력했다. 이러한 노력들 덕분에 그녀가 온 뒤로 이베이의 회원 수는 꾸준히 상승했고, 매 분기 수입은 40% 이상 증폭하며 승승장구하고 있었다.

그런데 그 신뢰가 흔들리는 일이 생겨버린 것이다.

'어떻게 이루어놓은 성과인데······.'

그녀도 지금의 상황이 착잡하기는 마찬가지였다.

'그렇다고 이제 와서 고객과의 약속을 깰 수는 없어.'

결국 이베이는 맥 휘트먼의 의견에 따라 모든 사용자들에게 일일이 사과하고 수수료를 환불해주었다.

"그렇게 어마어마한 자금 손실을 보았으니 회사가 문을 닫는 건 이제 시간문제야."

최근 우후죽순 생겨났던 많은 온라인 회사들이 무너지고 있는 상황이라 직원들은 더욱 걱정이 앞섰다.

다음날.

"다들 여기 좀 와보세요!"

고객을 관리하던 고객관리 담당 직원이 소리쳤다. 놀랍게도 회사 게시판과 메일에는 이베이를 격려하고, 응원하는 글들이 쇄도했다. 시스템 고장으로 회사의 신뢰가 크게 무너진 상황에도 불구하고 더 많은 이용자들이 몰려들었다. 고객과의 작은 약속도 소중히 생각하는 모습에 크게 감동한 것이다. 피해를 본 고객들도 더 이상 이 사고를 비난하지도, 이베이를 외면하지도 않았다.

불과 30명의 직원만 있던 이베이는 맥 휘트먼이 취임한 지 4개월 만에 나스닥에 상장되었고, 10년이 지난 후 2만 7천 명에 달할 정도로 거대기업으로 성장하였다.

"이 점은 어떻게 생각하십니까?"

맥 휘트먼이 일을 하면서 가장 많이 하는 질문 중 하나이다. 이베이는 매달 고객들과 만나 의견을 듣는 자리를 마련하는데, 맥 휘트먼은 바쁜 와중에도 거의 빠지지 않고 참석해 그들의 의견을 들었다. 추진하던 개혁도 고객의 입장에서 불편을 주거나 배치되면 과감히 중지하였다. 그녀가 얼마나 고객을 회사의 중심에 두는 지 알 수 있다.

신뢰는 유리 같다고 말한다. 한 번 금이 가면 원래대로 되돌릴 수 없기 때문이다. 억울하게도 누군가의 마음을 얻는다는 것은 매우 힘들지만 잃는 것은 한순간이다. 어떻게 행동해야 할지 고민될 때는 우리도 그녀처럼 자신에게 한번 물어보자.

"나는 지금 옳게 행동하고 있는 건가?"

66

인기나 작은 이익에 연연하지 마세요.
때론 더 큰 이익을 위해 지금 가진 것을 포기해야 할 때가 있습니다.
아니다 싶을 때는 정에 이끌리지 말고 과감한 결단을 내리세요.

99

앙겔라 메르켈

독일 총리_ 포브스 선정 세계에서 가장 영향력 있는 여성 1위

Angela Merkel

원칙을 지키세요

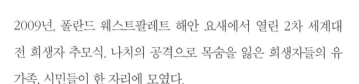

2009년, 폴란드 웨스트팔레트 해안 요새에서 열린 2차 세계대전 희생자 추모식. 나치의 공격으로 목숨을 잃은 희생자들의 유가족, 시민들이 한 자리에 모였다.

70년 전 이곳 해안 요새에서는 3500명의 나치독일군과 180명의 폴란드 수비대의 격렬한 전투가 있었다. 폴란드 군인들은 수십 배 많은 적군들을 막아내기 위해 필사적으로 투쟁하였지만, 일주일간의 혈전 끝에 결국 몰살당하고 말았다. 70년이란 시간이 흘렀지만 그들의 처절한 희생은 폴란드 국민들의 가슴 속에 여전히 아픈 상처로 남아있었다. 추모식 현장에는 침통한 분위기가 감돌았다.

그때 독일의 총리가 조용히 단상에 올랐다.

"아니, 독일 총리 아니야? 저 사람이 여긴 왜?"

그녀의 등장에 시민들은 하나같이 놀란 표정이었다. 그녀는 조용히 입을 열었다.

"테러와 폭력이 난무했던 유럽은 지금 자유와 평화라는 기적을 낳았습니다. 하지만 과거 독일이 시작한 전쟁은 수많은 시민에게 이루 말할 수 없는 고통을 가했습니다. 나치와 신념이 다르다는 이유로 수용소에 갇히고, 죽임을 당한 희생자들 앞에서 독일을 대표해 사죄드립니다."

앙겔라 메르켈 총리는 추모식에서 무릎을 꿇고 희생자와 폴란드 국민들에게 진심 어린 사과를 했다. 과거의 잘못을 인정하고, 용서를 구하는 용기였다. 그녀의 용기 있는 행동은 폴란드 국민들은 물론 전 세계를 놀라게 했고, 독일과 폴란드가 아픈 역사를 어루만지고 서로를 안을 수 있게 해주었다.

과거 나치군의 만행에 대한 메르켈 총리의 사과는 이번이 처음이 아니었다. 그녀는 이스라엘을 방문할 때마다 과거 유태인 대학살의 만행에 대해 거듭 사죄했고, 지난 2007년 9월 유엔총회에서도 세계인 앞에서 독일의 과오를 공식적으로 사과했다. 독일 내 극우주의자들은 그녀의 행동을 못마땅하게 여겼다. 사과는 곧 자신들의 잘못을 인정해버리는 것이 되기 때문이다. 그럴 때마다 그녀는 단호하게 말했다.

"역사에 대해 이미 끝난 일이니 더는 거론할 필요가 없다는 태도를 보여서는 안 됩니다. 우리는 희생자들을 위해, 우리 자신을 위해, 그리고 미래 세대를 위해 과거의 일들을 기억하고, 잘못에 대한 책임을 계속 져야합니다."

이러한 태도는 독일이 유럽 내에서 여전히 강력한 목소리를 낼 수 있게 해주는 요인으로 여겨지기도 한다.

그녀의 올곧은 태도는 한 때 의리가 없고, 배신을 일삼는다는 오해와 비난을 받기도 했다. 그녀를 정치인으로 성장할 수 있게 이끌어준 콜 전 총리와의 관계도 그 중 하나이다.

'어떤 게 옳은 일일까?'

기독민주당의 사무총장으로 있는 앙겔라 메르켈은 생각에 잠겼다. 이제는 결정을 내려야 할 때였다. 그녀가 소속된 기독민주당은 최근 독일을 크게 뒤흔든 헬무트 콜 전 총리의 정치비자금 문제로 위기상황에 봉착했다. 콜 전 총리는 기독민주당을 이끄는 정치적 대부였을 뿐만 아니라, 그녀를 여성청소년부 장관과 환경부 장관으로 임명하며 초고속 승진을 도운 장본인이기도 했다. 정계에서는 그녀를 '콜의 양녀'라고 부를 정도로 콜 전 총리는 정치인생의 든든한 버팀목이자 열렬한 지지자였다. 이런 콜 전 총리의 비자금 스캔들은 그녀를 비롯한 당원 모두를 당혹스럽게 했다.

이에 대한 입장표명 요구가 빗발치자, 메르켈은 오랜 고민 끝에 자신이 쓴 기고문을 신문기자에게 보냈고, 그녀의 글은 기독민주당은 물론 정계를 발칵 뒤집어놓고 말았다.

"이번 정치비자금 의혹은 명백히 밝혀져야 하고, 콜 전 총리 또한 이에 대한 책임을 지고 정계를 떠나야 합니다. 당은 이제 콜 없이 혼자 걷는 법을 배워야 합니다."

다른 사람도 아닌, 콜 전 총리가 특히나 총애하던 그녀의 주장에 당원들은 양아버지를 죽인 악녀라고 비난하고 나섰다. 실제로 앙겔라가 장관으로 있으면서 정책의 실패로 정치적 위기를 맞을 때마다 콜 전 총리는 메르켈을 항상 지지해주었다. 그녀 또한 그를 따르며 존경했지만, 그렇다고 잘못된 행동을 눈감아 줄 수는 없었다.

그런 단호함은 그녀 자신의 실수에 대해서도 다르지 않았다. 2005년 총리가 된 후 메르켈은 원자력의 필요성을 누차 강조하며 원자력 발전 정책을 계속 추진해나갔다. 그러나 2011년 일본 후쿠시마 원자력발전소에서 벌어진 사고를 목격한 후 독일 내의 원자력발전소 폐기를 결정했다. 당시 당에서는 오랜 시간 추진해온 정책을 중단하는 것은 곧 실수를 인정하는 것이 되기 때문에 그녀의 결정을 반대했지만 그녀의 이유는 간단했다.

"우리에겐 국민의 안전이 무엇보다 소중한 가치입니다. 잘못된 것은 인정하고 고쳐나가야 합니다. 원자력발전소에 대한 그동안의 정책은 변명할 수 없는 저의 판단 실수였습니다."

자신에게 쏟아질 질타와 정치 생명에 대한 위협을 예상하면서도 국민을 위해 원칙을 저버리지 않은 그녀의 선택은 오히려 많은 국민들의 지지를 이끌어 내었고, 그녀는 10년째 독일 연방 공화국의 총리로서 국정을 수행하고 있다.

앙겔라 메르켈은 집권 초만 해도 경험과 언론 대처 능력이 부족하다는 혹독한 비판을 받았다. 심지어 그녀의 촌스러운 머리 스타일과 옷차림을 비꼬는 이들도 많았다. 하지만 앙겔라는 흔들림 없는 그녀만의 올곧은 자세로 위기 때마다 뛰어난 리더십을 보이고 있다.

우리는 살아가면서 많은 갈등의 순간에 놓인다. 과연 어떤 선택을 하는 게 옳은지 혼란스러울 때도 있다. 그런데 답은 어쩌면 참 간단할지도 모르겠다. 그녀처럼 당장의 이익이 아닌 '원칙'에 따라 행동하는 것. 그것이야말로 선택의 정답이 아닐까?

"

남을 대할 때는 항상 진심을 다해서 친절하게 대하세요.
그러기 위해서는 무엇보다 자신에게 진실할 줄 알아야 합니다.

"

오프라 윈프리
방송인_ 포브스 선정 세계에서 가장 영향력 있는 여성 12위

진심으로 대하세요

"아무 말하지 않으셔도 돼요. 당신이 얼마나 힘들지 전 상상조차 할 수 없어요."

재난 현장에서 생방송으로 인터뷰를 진행하던 오프라는 슬픔에 잠긴 가족들을 보다 눈물을 왈칵 쏟았다.

"오프라! 인터뷰해야죠. 인터뷰!"

취재에 동행한 카메라 기자가 다급히 속삭였지만 그녀는 피해 가족들을 그저 말없이 안아주고만 있었다.

"도대체 정신이 있는 거요? 당신은 그 사람들을 위로하러 간 게 아니라 사고 소식을 시청자들에게 전하기 위해 리포터로 간 거라고요. 한두 번도 아니고 자꾸 이러면 곤란해요."

뉴스 책임자의 질타가 이어졌지만 그녀는 도저히 슬픔에 잠긴 사람들에게 마이크를 들이밀고 질문을 할 자신이 없었다.

오프라 윈프리는 스물두 살이라는 어린 나이에도 불구하고 타고난 순발력과 재치 있는 말솜씨를 인정받아 미국에서 열 번째로 큰 도시인 볼티모어의 WJZ-TV에서 뉴스 앵커로 일하고 있었다. 하지만 객관적으로 뉴스를 전달해야 하는 자리임에도 불구하고 사고 소식을 전하다 눈물을 흘리거나 원고에 없는 멘트를 하는 등 자신의 감정을 잘 숨기지 못해 결국 2년 만에 리포터로 강등된 상태였다.

"난 방송하고는 잘 맞지 않나봐."

오프라는 방송 일을 그만둬야하나 진지하게 고민했다. 심지어 요즘에는 그녀의 방송 태도에 더해 말투, 외모까지 하나하나 지적을 당하고 있었다.

"너에게는 너만의 색깔이 있어. 단지 사람들이 아직 그걸 알아보지 못한 것뿐이야. 분명 너의 진가를 발휘할 수 있는 날이 올 거야."

친구들이 오프라를 위로했지만 그녀는 이미 자신감을 잃고 주눅이 든 상태였다. 방송이 더 이상 재미있지 않았다. 그저 하루하루를 힘겹게 버티고 있을 뿐이었다.

"오프라, 이번에 〈피플 아 토킹People Are Talking〉이라는 30분짜리 토크쇼가 만들어졌어요. 왠지 오프라와 어울릴 것 같은데 한번

해볼래요?"

그런데 어느 날, 그녀에게 뜻밖의 기회가 찾아왔다. 평소 방송을 눈여겨 보던 새로 부임한 국장은 오프라의 솔직한 성격이 뉴스보다는 토크쇼와 잘 어울린다 생각해 공동 진행자 자리를 제안했다. 물론 앵커나 리포터에 비하면 방송 비중은 턱없이 적었지만 해고 위기에 놓인 그녀에겐 선택의 여지가 없었다.

큰 기대 없이 시작된 토크쇼. 결과는 국장의 예상대로였다. 그녀는 친근한 말투와 솔직한 태도로 방청객은 물론 시청자들의 마음까지 단숨에 사로잡았다. 뉴스에서 너무 감성적이고 솔직해 방송에 부적합하다는 평가를 받았지만 토크쇼에서는 오히려 출연자들과 자유롭게 대화를 나누며 편안한 분위기를 이끈 것이다. 방송은 점차 인기를 끌게 되었고, 그녀는 〈AM시카고〉라는 방송의 단독 진행 제안까지 받게 되었다.

"사실 경쟁 방송인 〈도나휴 쇼〉가 워낙 인기 프로그램이라 시청률에서 큰 기대는 하지 않는 게 좋아요. 그래도 단독으로 진행을 할 수 있으니 오프라에게 좋은 경험이 될 거예요."

당시 특유의 재치와 입담으로 많은 시청자 팬을 확보한 필 도나휴의 토크쇼가 명실상부하게 1위를 지키고 있었다. 동시간대인 그녀의 방송은 그저 30분짜리 시간 때우기나 다름없었다. 하지만 한 달 후, 전혀 예상치 못했던 상황이 벌어졌다. 오프라의

〈AM시카고〉 방송이 당당히 1위를 차지한 것이다. 유명 연예인을 게스트로 초대한 것도 아니고, 파격적인 내용을 담은 것도 아닌, 인지도마저 별로 없던 한 흑인 여성이 진행한 이 토크쇼의 인기 비결은 무엇이었을까?

그것은 바로 '교감'이었다. 당시 대부분의 토크쇼들은 진행자가 자신의 이야기보다는 출연자에게 이것저것 캐묻는 식으로 진행을 해나갔는데 오프라는 출연자들과 허심탄회하게 대화하며 마음을 나누었다.

"저도 당신과 같은 경험을 가지고 있어요. 처음에는 다 제 잘못인 것 같아 무조건 숨기려고만 했어요. 하지만 그건 우리의 잘못이 아니에요. 당신의 잘못이 아니에요."

성폭행을 당한 피해자가 울먹거리며 힘겹게 자신의 얘기를 할 때에는, 그녀도 자신의 과거를 털어놓으며 출연자를 위로했다. 또, 여성들이 다이어트 문제로 고민을 할 때에는 자신도 100kg으로 늘어난 체중 때문에 얼마나 스트레스를 받고 있는지 하소연하여 유명 방송인도 그들과 전혀 다를 게 없다는 사실로 위안을 얻게 해주었다. 그러다보니 출연자들은 자연스레 마음을 열고 오프라 윈프리가 묻지 않아도 자신의 속마음을 털어놓았다.

처음에는 그저 주부들의 잡담 프로그램 정도로 여겨지던 그녀의 방송은 점점 '사람들의 마음을 치유해주는 심리 치유 프로그램' 같은 역할을 하며 25년간 미국에서 시청률 1위라는 대기록을 세웠고, 전 세계 140개국에서 방송되었다.

알려져 있듯이 오프라는 인종차별이 극심했던 미국 남부 미시시피 주의 한 흑인 가정에서 사생아로 태어나 아홉 살 때 사촌 오빠와 친척들에게 성폭행을 당했고, 열네 살 되던 해에 미혼모가 되었다. 그녀가 출산한 아이는 태어난 지 불과 2주 만에 죽었고, 오프라는 그 충격으로 가출을 일삼고 마약에 빠지는 등 매우 어둡고 불우한 시절을 보냈다. 어쩌면 이러한 과거의 아픔들이 상처받은 사람들을 치유하는 이끄는 원동력이 되었는지도 모르겠다.

현재 그녀는 세계 억만장자의 반열에 올라 부와 명예를 모두 누리고 있다. 그리고 지금도 여전히 고통 받는 이들에게 많은 봉사와 후원을 하며 마음을 나눈다. 특히 아프리카 지역에 여러 학교를 세워 가난으로, 흑인이라는 이유로 차별받는 아이들을 위해 직접 나서서 교육을 진행하고 있다.

"진실은 통하게 되어 있어요. 솔직한 마음으로 다가선다면 그 사람의 마음을 진심으로 들여다보고 이해할 수 있어요. 그것이 내 성공의 시작이자 모든 것이었어요."

진심은 무너지지 않는다. 누구라도 좋다. 당신도 오늘 하루 누군가 기댈 수 있게 당신의 어깨를 내주어보면 어떨까?

66

제가 고집이 세고 경쟁심이 강하다고들 하는데, 전 개의치 않아요.
이것이 성공을 위한 자질이라고 생각하거든요.
당신이 무엇을 원하는지 스스로에게 물어보세요.
대담함은 저절로 나오는 것이 아닙니다.

99

아이린 로젠펠드
몬델레즈 인터내셔널 CEO_ 포브스 선정 세계에서 가장 영향력 있는 여성 17위

Irene Rosenfeld

옳다고 생각한다면 고집부리세요

"저는 이번 인수 건을 찬성할 수 없습니다."

미국 식품회사인 크래프트 푸드의 최대주주인 워렌 버핏은 영국 제과업체 캐드버리를 인수하기로 한 회사의 결정에 반대하고 나섰다.

"제 생각도 마찬가지입니다. 190억 달러에 인수한다니요. 지나치게 비싸다는 느낌이 드는군요. 캐드버리를 인수하기 위해 주식을 너무 많이 발행했습니다."

억만장자 투자자 윌리엄 애크먼도 불만을 표시했다. 이처럼 주주들의 거센 반발이 일자 크래프트 푸드의 CEO인 아이린 로젠펠드가 직접 나서서 회사의 입장을 표명했다.

"이번 캐드버리 인수가 당장은 손해처럼 느껴져도 장기적으로 봤을 때는 회사에 긍정적인 영향을 미칠 것이라 확신합니다."

아이린 로젠펠드는 주주들의 입장을 이해하면서도 자신의 결정을 고수했다.

"여러분께서 회사의 결정을 믿고 지켜봐주시길 부탁드립니다."

그녀는 캐드버리의 인수를 강행했다.

그러자 워렌 버핏은 이와 같은 회사의 결정을 공개적으로 비난하며 자신이 보유하고 있던 크래프트 푸드의 주식을 처분했다.

"사장님, 큰일 났습니다. 워렌 버핏 회장이 우리 회사 주식을 처분했다는 소식이 알려지자 다른 투자자들도 매각하기 시작했어요. 이대로 가면 투매현상이 벌어질 것 같습니다. 지금 주가가 급락하고 있어요."

"아무래도 이번 인수 결정을 철회하는 게 좋을 것 같아요. 너무 위험해요."

물론 워렌 버핏이 철수한 이상, 어느 정도 주가가 떨어지는 것은 경영진이 예상했던 대로였다. 하지만 막상 주가가 원래의 예상보다 더 급격히 폭락하기 시작하자 굳건했던 경영진의 믿음 또한 흔들리기 시작했다.

"시간이 말해줄 겁니다. 인수는 예정대로 추진해주세요."

아이린 로젠펠드는 이를 악물었다. 이제 와서 물러설 수 없었다. 이번 캐드버리 인수는 그녀가 CEO가 된 직후부터 3년간 준비해왔던 일이었다. 그녀가 주목한 것은 중국과 같은 신흥시장이었다. 최근 빠르게 국민소득이 늘어나고 있는 이 신흥국가들에서 제과에 대한 수요가 늘어날 것이 분명하기 때문에, 크래프트 푸드가 더 큰 해외 시장으로 진출하기 위해서는 이번 인수가 반드시 필요했다.

하지만 그녀의 생각에 동조하는 이들은 많지 않았다. 심지어 언론사들조차 마치 워렌 버핏의 판단이 정답이고, 그녀의 결정은 잘못된 것처럼 보도하고 있었다. 그도 그럴 것이, 수십 년간 투자의 황제로 일컬어지는 워렌 버핏의 결정을 어느 누가 감히 틀렸다고 말할 수 있었을까. 함께 점심 식사를 할 수 있다면 20억원을 지불하겠다는 사람들이 줄을 서 있다는, 바로 그 워렌 버핏이 아니던가. 그가 주식을 사들이는 회사들은 거의 예외 없이 큰 수익을 거두기 시작했고, 그가 손을 뗀 회사들은 금세 큰 위기에 봉착해왔다. 지금까지의 사례들로만 판단하자면, 크래프트 푸드는 내일 당장 파산하더라도 전혀 이상할 것이 없는 상황이었다. 〈파이낸셜타임스〉의 한 기자는 그녀에게 대놓고 질문을 했다.

"왜 지금 캐드베리를 인수하려 하는 거죠?"

이에 대해 로젠펠드는 조용하지만 단호한 어투로 되물었다.

"왜 기다려야 하죠?"

결과는 그녀의 선택이 탁월했음을 증명했다. 크래프트 푸드가 인수한 캐드버리는 현재 수십억 달러를 벌어들이고 있고 덕분에 165개국에 진출해 350억 달러의 매출을 올리는 몬델레즈 인터내셔널을 만들 수 있었다. 그녀의 말 대로 더 기다릴 수가 없었던 것이, 만일 캐드버리를 다른 회사가 인수했다면, 크래프트 푸드가 신흥 국가의 제과 시장에 진출할 기회는 요원했을 것이며, 크래프트 푸드는 미국 내의 그저 그런 식품회사에 머물거나 파산하고 말았을 것이었다. 이 기자와의 짧은 문답은 결과적으로 우문현답의 한 사례가 되고 말았다.

일련의 사건이 종료된 후, 그녀에 대한 세간의 평가는 극적으로 바뀌었다. 잘못된 판단을 끝까지 밀어붙이는 고집 센 독불장군이라는 이미지에서, 옳은 것은 누가 뭐라 해도 지켜나가는 현명한 CEO로 평가받기에 이른 것이다. 더구나 그 대립의 상대가 워렌 버핏이었다는 점 역시 크게 부각되어 현재의 평가를 더욱 빛나게 하고 있다.

이후, 로젠펠트는 크래프트 푸드에서 해외 식품 전 품목과 미국, 캐나다 내 스낵 부분을 담당하는 몬델레즈 인터내셔널을 다시 분사하여, 크래프트 푸드는 미국, 캐나다 내 스낵을 제외한 식품만을 담당하도록 하는 등 일대 변혁을 일으켰다. 이렇게 설립된 몬델레즈는 커피 시장에 신규 진출하면서 그 세를 더욱 넓혀

가고 있다.

"과감함이 몸에 배어 있어야 합니다. 자기 손으로 경적을 울리거나 무엇을 하고 싶다고 당당하게 말하는 배짱을 가지세요."

아이린 로젠펠드가 직원들에게 입버릇처럼 한 말이다. 그녀는 직원들 또한 자유롭게 자신의 생각을 말하고, 추진하길 격려한다. 이유 있는 고집과 뚝심은 직원들에게 더욱 책임감을 심어주고 신중함을 갖게 하기 때문이다.

당신이 옳다고 생각하는가? 그렇다면 뚝심 있게 밀고나가라.

66

강압적으로 사람들 위에 군림하는 것으로는
당신의 존재를 높여주진 못합니다.
좀 더 현명한 모습으로 더 많은 것을 얻도록 하세요.
기품 있고 지혜로운 처신이야말로 당신의 존재를 높여줍니다.

99

엘리자베스 2세

영국 여왕_ 포브스 선정 세계에서 가장 영향력 있는 여성 41위

지혜롭게 처신하세요

2012년 6월, 웅장하고 화려한 왕실. 여왕의 만찬에 중국 관리들이 초대되었다.

"이렇게 와주셔서 감사합니다."

"무슨 말씀이십니까? 저희가 영광이지요."

그들은 서로 반갑게 인사를 나눈 뒤 식사를 했다. 중국 관리들은 자신들을 위해 준비된 만찬에 감사를 표한 후 식탁 위에 놓인 차를 마셨다.

"저, 그, 그게⋯⋯."

그런데 그 순간 주변 사람들의 표정이 점차 굳어졌다. 중국 관리들이 손을 닦는 물을 차인 줄 알고 마신 것이다. 문화의 차이에서 온 실수였다. 주변 사람들은 모두 여왕의 눈치를 살피며 당황했다. 하지만 사람들을 더 놀라게 만든 건 바로 이어진 여왕의 행동이었다. 그녀 또한 별다른 내색 없이 그릇에 담긴 물을 마시며 식사를 계속한 것이다.

그녀가 바로 반세기 이상 영국을 비롯한 16개국에서 여왕의 자리를 지키고 있는 엘리자베스2세였다. 상대를 배려하는 태도를 넘어서 한 나라를 대표하는 리더로서의 뛰어난 면모를 다시금 엿볼 수 있는 모습이었다. 그런 그녀의 태도는 생애 전반에 나타난다. 그녀는 왕족 가운데 다른 병사들과 동등한 훈련을 받으며 군복무를 한 유일한 여성이다.

심지어 그녀의 군 복무는 놀랍게도 평상시가 아닌 전시에 이루어졌다.

2차 세계대전이 막바지로 치닫던 1945년, 전 유럽 대륙은 포연으로 뒤덮여 있었고, 독일군의 연이은 공습으로 영국 또한 피해가 커지고 있었다. 여기저기서 들리는 귀를 찢는 폭탄 소리와 사람들의 비명 소리, 자욱한 포연. 어느 누구도 내일을 장담할 수 없는 암담한 상황이었다.

그때 저 멀리 3톤짜리 트럭이 부대 안으로 들어섰다. 구호품을 실은 차량이었다. 허름한 제복을 걸치고, 얼굴과 손은 온통 기름때와 땀으로 뒤범벅이 된 여군들이 서둘러 구호품을 날랐다. 부대 안 고위급 장교가 그들에게 다가가자 여군들은 하던 일을 멈추고 경례를 했다. 장교는 경례를 가볍게 받으며 여군들을 둘러보며 지나가다가 갑자기 멈칫했다.

"아니, 고, 공주…"

장교는 한 여군을 보며 깜짝 놀라 입을 다물지 못하더니 이내 모른 척 운반된 구호물품들을 확인하였다.

그로부터 얼마 후인 5월 8일, 세계대전은 독일이 항복을 선언하며 연합군의 승리로 끝났다. 영국의 많은 국민들은 길거리로 나와 환호성을 지르며 승리를 자축하였다. 위험한 순간에도 끝까지 국민들 옆에서 영국을 지킨 조지6세와 여왕, 윈스턴 처칠 수상은 버킹엄 궁의 발코니에서 군중의 환호에 인사를 보냈다. 그들의 뒤를 이어 나오는 소녀, 바로 엘리자베스 공주였다.

"저… 저… 여자는…?"

몇몇 병사들이 그녀의 모습을 알아보고는 깜짝 놀랐다. 그녀는 불과 얼마 전까지 자신들과 똑같이 혹독한 훈련을 받으며 전쟁에 뛰어들었던 하급군관이었기 때문이다. 그녀의 용기 있는 행동은 국민들을 감동시켰다.

"조지6세 승하!"

1953년, 아버지의 죽음을 미처 슬퍼할 겨를도 없이 그녀는 전 세계인이 지켜보는 가운데 높이 31.5cm, 중량 0.91kg에 달하는 왕관의 무게만큼이나 많은 역할과 책임을 지게 되었다.

사실 그녀가 왕위에 오를 때 쯤 영국 내에서는 현대 사회에서 왕실의 존재가 필요한 지에 대해 논란과 회의감이 일기 시작했다. 하지만 세계대전 중 왕실이 보여준 용기 있는 행동들은 많은 국민들에게 여전히 숭고한 정신의 산물이자 정신적 지주로 남아 있게 해주었다. 엘리자베스 2세는 그녀의 대관식에 수백만 명이 모일 정도로 열렬한 지지를 받으며 여왕의 자리에 오를 수 있었다.

엘리자베스 2세의 자질은 그녀의 어머니 영향이 컸다.

"아무래도 공주님들을 캐나다로 대피시키는 게 좋을 것 같습니다."

세계대전 당시 영국이 독일의 폭격으로 위태로운 상황에 몰리자 신하들이 국왕인 조지6세의 부인이자, 엘리자베스2세의 어머니인 요크 공작부인에게 간청했다. 하지만 그녀는 이를 단호히 거절하며 말했다.

"아니요. 공주들은 나 없이는 아무데도 못갑니다. 하지만 나는 국왕 곁을 떠나지 않을 것이고, 국왕은 무슨 일이 있어도 영국을 떠나지 않을 겁니다."

그녀는 국민들을 버리고 자신들의 신변만을 챙기는 것은 영국의 왕가에서 결코 용납될 수 없는 일이라 생각했다. 이러한 책임감 있는 태도는 엘리자베스 2세를 비롯해 세 아들들, 손자인

윌리엄, 헨리 왕자에 이르기까지 모든 왕족 남자들이 군대에 가거나 전쟁터에 참전하며 이어졌다. 그것이 바로 아무런 권력을 가지지 못한 왕실임에도 불구하고 수백 년간 권위를 유지할 수 있게 해준 힘이었다.

진정한 리더십은 권력을 휘두르거나 명령에 의해서가 아니라 타의 모범을 보임으로써 만들어진다.

Part 04.

용기를 지닌 그녀들

자기의 운명을 짊어질 수 있는 용기를 가진 자만이
영웅이다

“

어떤 길을 정해 놓고 쫓아가지 말고
열린 길을 따르다 보면 예상하지 못한 길에 도달할 거예요.
하나의 좁은 목표만 세워 놓지 말고,
넓은 시야로 다양한 경험을 통해 변화에 적응하는 법을 배우세요.

”

드루 길핀 파우스트

하버드대학교 총장_ 포브스 선정 세계에서 가장 영향력 있는 여성 46위

이 세상에 정해진 길은 없어요

"너무 갑작스런 제안이라……. 좀 더 생각을 해보고 결정하겠습니다."

"저희는 드루 교수님께서 꼭 입후보해주셨으면 좋겠어요."

하버드대학에서 역사학을 가르치는 드루 길핀 파우스트 교수는 얼마 전 하버드대 총장 인선위원회로부터 총장직의 입후보 제안을 받고 고민하고 있었다.

기존의 총장이었던 로런스 서머스는 '여성이 남성보다 과학, 수학 분야에서 뒤떨어지는 것은 선천적인 차이'라는 성차별 발언으로 큰 파문을 일으켰고, 언론의 질타와 학생들의 거센 항의에 못 이겨 결국 사퇴했다. 그 사건 이후, 하버드의 학생들은 물론 학교 측에서도 다음 총장은 여성이 맡아야 한다는 공감대가 커지고 있는 상황이었다. 물론 드루 교수도 그 생각에 적극 동의하고는 있었지만, 정작 자신이 물망에 오르게 될 것이라고는 예상하지 못했다.

아이비리그 전체를 놓고 보면, 1994년 에이미 거트먼이 펜실베이니아대학 총장으로 선출된 이래 세 명의 여성 총장이 배출되었다. 하지만 하버드대학은 아이비리그 가운데 상대적으로 진보적이고 개방적인 학풍을 유지해왔음에도 불구하고 여성 총장이 배출된 적은 단 한 번도 없었다. 게다가 역대 총장들은 대부분 하버드대를 졸업한 사람들이었다. 만약 그녀가 총장을 맡게 되면 1672년 찰스 촌시 총장의 사망 이후 330여 년 만에 최초로 하버드를 졸업하지 않은 총장이 탄생하는 것이 된다. 거기에다 그녀가 현재 학장으로 있는 래드클리프 인스티튜트는 학내에서 가장 작은 단과대학이어서 타 단과대학 소속 교수들의 불만도 클 것이었다. 인선위원회 측에서는 이러한 모든 우려에도 불구하고 그녀의 사려 깊은 성격과 뛰어난 경영 능력을 높이 사 총장직에 입후보할 것을 제안했던 것이다. 물론 이것을 수락하기만 하면 단독 입후보이므로 당연히 총장으로 임명이 될 것이며 영광스럽고 의미 있는 일이 될테지만, 누가 보아도 반대가 많고 쉽지 않을 자리였다.

'그래, 해야 할 연구도 많은데 그 자리는 무리야.'

평생을 학자로 살아온 그녀였다. 특히나 요즘은 논문 준비로 정신이 없는 터라 총장직은 도저히 자신이 없었다. 그녀는 다시 서재로 가서 연구에 집중했다. 그런데 문득 책꽂이에 꽂혀있는 책 한 권이 눈에 들어왔다. 『창조의 어머니들』. 그녀가 쓴 책이었다. 펜실베이니아대학에서 교수로 재직하는 동안 그녀는 흑인 여성들의 삶을 연구하는 데에 매달렸다. 저술을 위해 미국 남부에 있는 24개 박물관을 샅샅이 뒤질 정도로 열정을 다한 책이었다. 그녀는 잠시 감상적이 되어 자리에서 일어나 자신의 책을 책꽂이에서 뽑아 들고 조심스럽게 첫 페이지를 펼쳤다. 책의 서문에는 이렇게 적혀 있었다.

'이 책을 제 할머니와 어머니께 바칩니다. 순종을 강조한 이분들이 제게 영감을 줬고, 이 분들의 말이 틀린 걸 입증하는 데 미국 사회와 문화가 저를 도왔습니다.'

그녀는 어렸을 때부터 보수적인 가정에서 자랐다. 어머니는 항상 그녀에게 공부를 잘해 성공하는 것보다 좋은 집안에 시집 가는 것이 더 중요하다고 가르쳤다.

"드루, 그건 남자들이 하는 일이야. 네가 이런 현실을 빨리 깨달았으면 좋겠구나."

어머니가 그녀에게 자주 했던 말이었다. 하지만 그녀는 '여성은 이래야 한다' 같은 틀에 박힌 고정관념을 거부했다. 꼿꼿이와 바느질 대신 남자아이들과 거친 놀이나 운동을 하는 것을 좋아했고, 걸스카우트 활동에도 적극적으로 참여했다. 부모님은 그런 그녀를 항상 못마땅해 했다.

가만히 책을 보던 그녀는 생각했다.

'반세기가 지났는데도 아직도 달라진 게 없잖아!'

여전히 남녀의 성역할에 대한 고정관념이 사라지지 않고 있는 현실이 안타까웠다. 심지어 최고의 지성인들이 모였다는 학교에서조차 말이다. 그녀에게 온 입후보 요청은 개인으로서는 도전이지만, 큰 관점에서 보면 시대적 요청이었다. 드루 교수는 결심한 듯 전화기를 들었다.

얼마 후, 단독 후보로 추대되어 하버드대학교 제28대 총장으로 선출된 드루 길핀 파우스트 총장은 취임 기자회견에서 이렇게 말했다.

"저의 총장 취임은 한 세대 전에는 생각지도 못했던 일이 지금은 일어날 수 있음을 상징합니다. 하지만 하버드대 여성 총장이 아니라 하버드대 총장으로 일하겠습니다. 우리는 모두 인간일 뿐, 그 어떤 차이도 없습니다."

그녀는 몇 년 전, 한국의 한 대학교를 방문하여 이렇게 말했하기도 했다.

"제가 공부할 때만 해도 여성들은 하버드 도서관에 출입할 수 없었습니다. 하지만 지금은 이렇게 여자인 제가 하버드대 총장이 되어있습니다. 그러니 여러분도 어떤 길을 정해놓고 그 길만 쫓아가는 것이 아니라 좀 더 넓은 사고로 열린 길을 따라가세요. 그럼 예상치 못한 길에 도달할 겁니다."

요즘 젊은이들이 너무 틀에 박힌 길만 고집하는 것에 대해서 한 말이었다.

우리의 삶은 우리가 아는 것보다 훨씬 많고 다양한 길들이 있고, 어떤 선택을 하건 틀린 답은 없다. 우리의 좁은 시각에 우리 삶을 가둬두지 말자.

"

용감해지세요. 그것이 첫 번째입니다.
두 번째는 자신을 교육하고 계발하는 것입니다.
그리고 그것에 대한 자신감을 가지세요.

"

크리스틴 라가르드

국제통화기금 총재_ 포브스 선정 세계에서 가장 영향력 있는 여성 6위

Christine Lagarde

기죽지 마세요

워싱턴의 한 레스토랑. 182cm의 큰 키에 빛나는 은발머리의 여성이 허겁지겁 안으로 걸어 들어왔다. 그녀는 현재 국제통화기금을 이끌고 있는 크리스틴 라가르드 총재였다. 세계 금융 시장을 안정시키고, 경제적 지원이 필요한 국가들에게 돈을 빌려주는 대신 필요한 개혁을 강제할 수 있는 기구의 수장이다.

"안녕하세요. 반갑습니다."

그녀는 스위스의 다보스 포럼 연례 모임에 참석했다가 막 돌아온 길이라고 했다. 자리에 앉으며 인사를 건네는 그녀의 얼굴은 소탈하고 다정다감했지만 그 안에 당당함이 묻어났다.

"요즘 그리스 외환 위기 문제로 많이 바쁘시죠?"

기자들은 그녀와 식사를 하며 국제통화기금의 방향과 세계

경제에 대한 다양한 이야기들을 나누었다. 그리고 그녀가 지금의 자리에 오르기까지의 여정도 들을 수 있었다.

변호사로 일하던 그녀는 총재에 오른 후 비경제학자 출신이라는 이유로 많은 비아냥거림을 들어야 했다. 월스트리트저널을 비롯한 많은 언론들은 변호사 출신 비경제학자가 국제통화기금의 총재직을 잘 수행할 수 있을지 의문이라고 대놓고 비난했다. 그럴수록 그녀는 자신의 능력을 증명하기 위해 더욱 노력해야 했다.

기자들은 문득 당차고 심지어 차가워 보이기까지 하는 그녀의 내면은 어떨지 궁금해졌다.

"총재님께서도 지금의 자리에 오르기까지 회의감에 빠지신 적이 있으신가요?"

"당연하죠. 저도 연설이나 발표를 앞둔 날에는 너무 긴장해서 한숨도 자지 못할 정도였어요. 번쩍 손을 들어 제 의견을 말하는 데에 얼마나 큰 용기가 필요했다고요. 하지만 아무래도 남자들이 대부분인 사회에서 기죽지 않으려면 제 스스로 당당하고 강해져야 한다고 느꼈죠."

기자의 질문에 대답을 이어가던 그녀는 몇 년 전의 기억을 떠올렸다.

2011년 7월 5일, 그날은 워싱턴의 국제통화기금 본부에서 직원들에게 자신을 처음으로 소개하는 자리였다.

그녀는 변호사로서 일하던 자신이 프랑스 최초의 여성 재무 장관이 되기까지의 과정을 이야기했다. 그때 한 직원이 조심스럽게 손을 들며 물었다.

"죄송하지만 저희가 총재님을 어떻게 불러야 할까요?"

처음으로 여성 총재를 모시게 된 상황이다 보니 직원들은 그녀에게 어떤 호칭을 사용해야 할지 난감했던 것이다. 그녀는 몇 년 전 돌아가신 어머니의 기억을 떠올리며 이렇게 말했다.

"제가 장관 시절, 어머니는 제게 한 번도 장관 여사님Madame la Ministre이라고 부른 적이 없어요. 그런 말 자체가 원래 없기 때문이죠!"

그녀의 말에 직원들은 아무 말도 하지 못했다. 그동안 본부가 얼마나 남성 중심적으로 운영되었는지 단적으로 보여주는 예가 아닐 수 없었다.

그녀의 남성과 여성의 구분에 대한 생각은 조금은 독특하다고 할 수 있다. 크리스틴은 몇 년 전 유명 저널리스트인 카밀라 웹스터와의 인터뷰에서 다음과 같이 언급했다.

"여성과 남성의 영향력은 아마 다르겠죠. 하지만 권력을 다루는 데 있어서는 여성과 남성의 길이 따로 있다고 말하고 싶진 않네요. 그저 각자 역할이 다를 뿐이죠."

즉, 그녀의 말에 의하면 남성과 여성은 애초에 다른 존재이므로 어느 한 성별이 완전히 우세한 상황은 어떤 그룹에서든 절대로 도움이 되지 않는다는 것이다.

실제로 그녀는 어느 한 성별이 특정 그룹 내에서 우세한 상황에 놓이는 것에 대해 강한 반대 의사를 자주 피력해왔다. 심지어 고위직에는 반드시 여성들이 필요하다고도 말했는데, 그 이유는 남자들끼리 놔두면 종종 '바보 같은 짓'을 하기 때문이라고 말한 적도 있다.

그녀가 국제통화기금 총재가 된 직후 직면한 큰 문제 중 하나는 바로 그리스 금융 위기였다. 그리스에서 시작된 금융 위기는 자칫 전 세계로 도미노처럼 번져나가 대재앙으로 다가올 일촉즉발의 순간에 놓여 있었던 것이다. 이때 그녀는 그리스 정부뿐 아니라 야당에까지 압박을 가하여 막대한 부채 문제를 적극적으로 해결할 것을 촉구하고 나섰다. 그러면서도 반대로 채권단들도 동시에 압박하여 그리스의 부채탕감을 유도하고 모든 유럽이 고통분담을 통해 문제를 조기에 해결할 수 있도록 대안을 제시하였다. 당연히 모든 채권 국가와 은행들이 발끈하고 나섰지만, 결국 그녀에게 설득되었다. 지금은 점차 그리스 문제의 해결 국면이 도래하기 시작한 것으로 보인다. 비경제학자 출신이라 비웃음을 사던 여성 국제통화기금 총재가 전 세계 금융 대 위기의 순

간에 강력한 집행력과 중재 실력을 전 세계에 확인시켜준 셈이
다.

"저는 어떤 문제를 접했을 때 그 문제가 가진 모든 면들을 샅
샅이 살피는 편이에요. 문제의 안과 밖, 옆과 뒤의 모든 면을 놓
고 보면 확실히 이해가 되거든요. 아마도 누군가로부터 놀림거
리가 되고 싶지 않아서 그런 거겠죠."

쟁쟁한 남성들 틈 속에서 논의하고, 명령하며, 때로는 논쟁하
는 당당함은 저절로 생긴 것이 아니었다. 그런 당당함 뒤에는 철
저한 준비가 있었다. 그녀는 자신이 모든 걸 알 정도로 전문 지
식이 많거나 자신감이 넘치지 않기 때문에 사전 준비를 철저히
할 수밖에 없다고 말한다.

누구나 상황은 똑같다. 그 누구도 준비 없이 완벽한 사람은 없다.
상대와 당당하게 맞서려면 그만큼 철저한 준비가 뒷받침되어야 할
것이다. 그리고 만반의 준비가 되었다면 이제 기죽지 말고 당당하게
맞서면 된다.

Margaret Chan

실수를 실수로 끝내지 마세요

"작년 만 명 이상의 목숨을 앗아간 에볼라 바이러스는 사실상 올해 말 퇴치될 것입니다. 라이베리아에서는 더 이상 추가 발병자가 나오지 않았고, 시에라리온과 기니에서는 지난 2주 동안 단 3명의 에볼라 환자만 발생했습니다. 이는 1년 동안 가장 낮은 수치입니다. 또한 그동안 꾸준히 개발해온 에볼라 백신 또한 성공적인 단계에 이르렀습니다. 모두의 노력과 단합으로 거둘 수 있었던 성과입니다."

2015년 8월, 세계보건기구의 마거릿 챈 사무총장이 에볼라의 현재 상황을 발표했다. 작년 기니·라이베리아·시에라리온 등 서아프리카 지역을 중심으로 빠르게 퍼져나간 에볼라의 종식을 목전에 두고 있었다.

"하루 평균 50명이 넘는 에볼라 바이러스 감염자가 발생하고 있습니다. 현재 환자를 치료하기 위해 아프리카로 온 미국을 비롯한 서방세계의 의료진에게까지 퍼져 제대로 된 치료조차 이루어지지지 못하고 있는 실정입니다. 유엔과 세계은행, 세계보건기구의 긴밀한 협조가 어느 때보다 중요합니다."

지구촌의 건강 문제를 관리하는 세계보건기구에서는 에볼라 바이러스가 전 세계로 퍼져나가지 않도록 하기 위해 사력을 다하고 있었다. 세계의 시선은 최전방에서 진두지휘하는 한 아시아계 여성에게 집중되었다. 바로 마거릿 챈 사무총장이었다.

챈 사무총장은 1994년부터 2003년까지 홍콩 정부의 위생국장을 맡으며 조류 인플루엔자와 사스를 비롯한 전염병 질환들에 대처하며 그 능력을 인정받았다. 당시 중국에서 발생했던 조류 인플루엔자와 사스는, 자칫 홍콩을 통로로 삼아 주변의 아시아 국가와 전 세계로 퍼져나갈 위기에 놓여 있었다.

"중국으로부터 닭 수입을 전면 금지해야 합니다. 그리고 홍콩 지역에 있는 닭을 전량 살처분해서 감염을 원천 봉쇄해야 합니다."

"뭐라고요? 그게 말처럼 쉬운 일이 아니란 걸 당신도 잘 알잖아요. 그런 조치를 취하면 중국에서도 압박을 가할 것이고 경제적 타격이 분명 클 겁니다."

"맞아요. 그리고 닭을 모두 살처분하면 식품업계의 반발도 거
셀 거예요. 좀 더 상황을 지켜보자고요."

"지켜보다니요? 한 번 감염되면 걷잡을 수 없다는 걸 여러분
도 잘 알잖아요. 전 국민의 생명이 달린 문제라고요. 지켜 볼 시
간 따윈 없습니다. 이건 전쟁이나 마찬가지예요!"

마거릿 챈은 국제 관계와 여러 경제적 문제들로 주저하는 정
부 관료들을 설득해 150만 마리라는 엄청난 수의 홍콩 내 가금
류 살처분을 통한 원천 봉쇄 조치를 강행했다. 챈의 단호한 조치
로 홍콩은 국민의 생명을 지키며 조류 인플루엔자의 공포에서
벗어날 수 있었다. 세계적으로 유동인구가 많은 홍콩이 전염병
에 대해 그토록 강력한 조치를 빠르게 취하지 않았다면, 그야말
로 대재앙이 발생했을 것이다.

이러한 공적을 인정받은 후, 그녀는 세계보건기구 사무총장
이 되었다. 그녀는 가공육의 발암물질에 대해 전 세계에 폭로하
였고, 항생제 내성균에 대해 강력히 경고하고, 북한을 방문하여
아동들의 영양실조 등의 문제에 우려를 나타내기도 하였으며,
2015년 한국에서 발생한 메르스의 확산 방지를 위해 노력하는
등, 세계보건기구의 수장다운 행보를 보여 왔다.

그런 가운데, 서아프리카에서 치명적인 전염병 에볼라 바이
러스가 발견되었다는 소식은 전 세계 인류에게 충격을 안겨주었

다. 게다가, 세계보건기구가 초기 감염자를 다른 질병으로 오진하여 상황이 악화되었다는 소식이 알려지면서, 그녀에 대한 비난이 일기 시작했다. 홍콩에서 자신이 취했던 강력하고 빠른 조치와는 달리 느슨하게 대처하고 만 것이다.

하지만 그녀는 초기의 판단 실수를 즉시 인정하고 이 질병에 대한 대책을 세웠다. 그녀가 서아프리카에 몰아닥친 에볼라를 다루는 방법은 특별했다.

"단순히 질병에 대한 예방사업을 하는 데에 그쳐서는 안 됩니다. 지역 주민의 생활수준도 개선해야 효과를 볼 수 있어요. 보건과 교육, 사회기반시설 확충 등 모든 면들에서 다각적인 노력이 필요해요."

그녀는 에볼라 바이러스 문제 하나에 그치는 것이 아니라 근본적인 대책을 마련하기 위해 노력했다. 이러한 원칙에 따라 유엔은 에볼라 긴급대응단을 파견했고, 세계은행도 4억 달러를 지원하며 의기투합했다.

세계적으로 약 3만 명이 감염되고 1만 명 이상의 목숨을 앗아간 에볼라 바이러스. 초반에 콜레라와 라사열 바이러스로 두 차례 오진한 세계보건기구의 초기 대응 실패로 인해 자칫 유럽 흑사병 이래 인류 최악의 전염병이 될 뻔 했던 서아프리카의 에볼라는, 그녀의 적극적이고 빠른 대처로 더 이상 확산되지 않았다.

이후 백신 프로그램도 적극적으로 개발되고 있다. 이제 에볼라는 그녀의 적극적인 지휘 하에 차례로 종식선언이 이루어지는 중이다.

실수는 실패가 아니다. 당신이 실수를 통해 지혜를 배우고 미래를 대비하게 되었다면 그 또한 의미 있는 도전이다.

66

처음부터 문제점들을 다루지 않는다면
그 문제들은 사라지지 않고 오히려 더 커집니다.
적합한 사람들과 함께 그 문제에 착수하여
계속 움직이면서 전진해야 합니다.

99

메리 바라

제너럴 모터스 CEO_ 포브스 선정 세계에서 가장 영향력 있는 여성 5위

문제에 부딪히면 즉각 행동하세요

"GM의 리콜 대상 차량이 수백만 대를 넘어섰고, 소송도 무려 51 건에 달하고 있습니다. GM이 이번 위기를 어떻게 극복할지 귀 추가 주목되고 있습니다."

GM의 CEO인 메리 바라는 조용히 TV를 껐다. 불과 3개월 전 GM의 수장으로 승진한 흥분이 채 가라앉기도 전, 회사는 창립 이래 최대 위기를 맞고 있었다.

"사장님, 큰일 났습니다. 문제가 발생했습니다."

"문제요?"

얼마 전, 사색이 된 비서가 사장실 문을 두드렸다. 최근 GM 차량들의 결함으로 인해 사람이 죽는 사고가 발생했다는 것이 다. 설상가상으로, 정부에 의해 결함이 발견되자 마지못해 리콜에 나서긴 했지만, 이미 10년 전에 GM이 이 결함을 파악하고도 그동안 쉬쉬하며 자체적으로 해결하려다 사태를 키웠다는 것이 언론에 보도되기 시작했다. 일부 사람들은 메리 바라도 이 사실을 몰랐을 리가 없다며 의혹을 제기했다.

"지금 문제가 되고 있는 스위치 교체에 드는 비용이 고작 57센트고, 새 스위치로 교체하는 데 1시간도 안 걸린다면, 도대체 왜 이 사소한 문제를 지금까지 방치해 일을 키운 거죠?"

이 사실을 전해들은 메리 바라 또한 담당 경영진들을 호되게 질책했다. 미국은 징벌적 배상제도를 통해 천문학적인 벌금을 기업에 부과하여 잘못을 저지른 기업은 한순간의 실수로 무너지는 일이 간혹 벌어진다. 즉, 이 순간은 33년간 그녀가 몸담았던 회사가 한순간에 무너질 수도 있는 상황이었다.

메리 바라는 인턴으로 시작해 온전히 실력으로 CEO에 오르기까지 무려 33년이라는 시간을 이곳에서 보냈다. 처음 시작은 대학 시절 GM의 인턴 프로그램에 참여하면서부터였다. 남자들도 힘들어 하는 일을 학업과 병행해서 한다는 게 결코 쉽지 않았지만 39년간 GM의 폰티악 공장에서 금형 제작공으로 일하고 있는 아버지 앞에서 차마 불평할 수가 없었다. 최고의 차를 만들기 위해 하루도 빠짐없이 열정을 쏟아 부었던 아버지의 얼굴이 떠올랐다.

'이렇게 회사가 무너지는 걸 보고 있을 수만은 없어.'

회사는 그녀뿐만 아니라 그녀의 아버지에게 있어서도 삶의 역사와도 같았다.

"이번 결함 문제에 대해 철저히 조사해서 보고해주세요."

메리 바라는 조사를 위해 회사 자체 변호인단이 아닌 외부의 변호사인 안톤 발루카스를 고용하여 지시했다.

"사장님, 외부 전문가들을 고용하면 불필요한 부분들까지 외부에 노출될 수 있습니다. 그냥 내부 변호인단을 통해 조사를 하시는 게……."

"아니요. 상관없습니다. 다시는 이런 일이 반복되지 않도록 확실한 책임 규명을 할 필요가 있습니다."

그녀의 지시는 내부의 그 어떤 정치적 음모나 압력에 휘둘리지 않고 객관성을 지키기 위한 방침이었다. 발루카스 변호사는 GM 내·외부 관계자 230명을 인터뷰하고, 수백만 페이지의 자료를 철저히 검토해 그녀에게 보고했다. 내용에 따르면, GM의 엔지니어인 레이먼드 디지오르지오는 점화장치가 GM의 내부 기준에 맞지 않는다는 사실을 알고도 2001년부터 이를 숨겼다는 것이다. 메리 바라는 작은 한숨을 내쉬었다. 마지막까지 아니라고 믿고 싶었던 회사의 안일함이 사실로 드러난 것이다. 그녀는 대중 앞에 몇 번이나 고개를 숙였다.

"이번 결함에 대한 조사를 실시한 결과, 결함의 원인은 GM의 '문제 대처에 대한 무능력과 방치'라는 것을 알게 되었습니다. 실수에 대한 책임을 받아들이며 다시는 이런 일이 생기지 않도록 조치를 취하겠습니다."

그녀는 늑장 대응의 책임을 물어 부회장과 담당 감독관 등 직원 15명을 해고했다. 동시에 자동차 결함 피해자들을 위한 보상 체계를 서둘러 마련했다. 더불어 객관적 입장에서 회사 측의 잘못과 그에 따른 배상 책임을 확실히 지겠다는 입장을 분명히 했다.

"시간을 되돌릴 순 없지만 우리는 문제를 알자마자 즉각 행동했습니다. 이번 일을 통해 회사가 잘못 행동했을 경우 어떤 최악의 상황이 벌어질 수 있는 지를 다시 한 번 생각하며, 잘못된 관행을 바꿔 나가는 계기로 삼겠습니다."

그녀는 회사의 실수에 대하여 공개적으로 사과하며 회사의 잘못을 인정했다. 이러한 그녀의 노력은 GM에 대한 세간의 의심의 눈초리를 우호적으로 돌려놓는데 성공한 것으로 보인다. 포춘지는 그녀의 진정성과 재발방지에 대한 약속이 결국 GM이 자기 파괴적인 악순환에 빠지기 전에 회사를 구해냈다며 극찬했다.

GM은 2014년 4분기 순 수익이 10억 달러를 넘어서며 완전히 정상화된 모습을 보이고 있으며, 점화스위치 불량으로 인한 사고 피해자 보상 절차도 원활히 진행되고 있다.

최근 이슈화가 되었던 폭스바겐 그룹의 연비조작 사건에서 볼 수 있듯이, 미국에서의 기업의 거짓말은 큰 처벌을 받게 된다. 만일 잘못이 발견되었을 때, 그녀가 이를 감추거나 변명에만 급급했다면 GM의 운명은 어떻게 전개되었을까?

잘못은 누구나 저지를 수 있다. 하지만 그것이 잘못이었음을 말아차린 바로 그 순간이야말로 고칠 수 있는 절호의 기회임을 잊지 말자.

66

당신의 숨겨진 힘을 깨닫기만 한다면,
당신에게는 무한한 선택의 장이 펼쳐질 것이고,
계속해서 앞서 나아갈 수 있을 거예요.
당신이 그 힘을 깨달을 때, 다른 사람들도 당신의 힘을 알게 될 거예요.

99

낸시 펠로시
미국 민주당 하원 원내대표_ 포브스 선정 세계에서 가장 영향력 있는 여성 38위

Nancy Pelosi

당신의 숨겨진 힘을 깨달아요

낸시 펠로시는 당장이라도 흘러내릴 듯한 눈물을 참으며 오랜 친구의 침대로 다가갔다. 가쁜 숨을 내쉬며 낸시를 맞이하는 살라 버튼. 암이라는 무서운 병은 생기 넘치던 살라를 한없이 작고 연약한 모습으로 만들어놓았다. 낸시는 애써 미소 지으며 말없이 친구의 손을 꼭 잡았다.

"낸시, 부탁이 있어. 난 몸이 너무 안 좋아져서 재선에 나가지 못할 것 같아. 네가 나대신 출마해줬으면 좋겠어."

"아냐. 그런 말 하지 마. 희망을 놓으면 안돼."

낸시의 눈에서 참았던 눈물이 흘러내렸다. 다른 사람이라면 몰라도, 살라라면 다시 건강한 모습을 되찾을 수 있을 것이라 믿었다. 하지만 살라는 자신에게 주어진 시간이 얼마 없다는 것을 알고 있었다.

"낸시, 꼭 그렇게 해줘. 약속할 수 있지?"

간절한 친구의 부탁에 낸시는 결국 고개를 끄덕일 수밖에 없었다. 그리고 19년이 흘렀다.

'살라라면 지금 어떻게 행동했을까?'

다섯 아이를 키우던 마흔 일곱의 평범한 주부는 자신을 정치인으로 만든 친구를 떠올렸다. 복잡한 상황을 두고 정적들과 설전을 벌이는 요즘 같은 때면 살라가 더 생각이 났다.

낸시는 현재 부시 대통령과 이라크 전쟁 문제로 크게 부딪히고 있었다. 그녀는 대통령이 전쟁을 벌이는 이유를 도저히 이해할 수 없었다. 그동안 전쟁의 명분으로 삼아왔던 이라크 대량 살상무기는 없는 것으로 결론이 났음에도 불구하고, 공화당과 대통령은 계속 전쟁을 고집했다.

"이 전쟁으로 수천 명의 미국인들과 수십만 명의 이라크인들이 죽었습니다. 지금 우리는 석유 때문에 이 전쟁을 저지르고 있다는 비난을 듣고 있어요."

하지만 부시 대통령은 이라크에서 군대를 철수할 것을 촉구하는 법안에 거부권을 행사했다. 전쟁 때문에 미국은 어마어마한 빚을 떠안았고, 그 여파로 심각한 경기침체도 겪게 되었다.

처음 의회에 들어서던 날, 낸시는 결코 부끄럽지 않은 정치인이 되겠다고 다짐했다. 이 자리는 자신만의 자리가 아니라 살라를 대신하는 자리이기도 했다. 막중한 책임감을 느낀 그녀는 매 순간 옳은 선택을 하려고 끊임없이 노력했다.

사람들이 에이즈를 '신이 내린 벌'이라 여기던 시절이었지만 낸시는 에이즈로 목숨을 잃은 환자들을 위해서 추모 전시회를 열었다. 장소 제공을 허가해주지 않던 국립공원을 설득하고 대규모로 진행한 이 전시회로 인해 에이즈에 대한 대중의 편견이 많이 사라지게 되었다.

위태로운 상황에 놓인 외국 학생들의 목숨을 구하기도 했다. 평화 시위에 참가했다는 이유로 중국 정부로부터 탄압을 받고 미국으로 온 중국 학생들이었다. 그런데 이들의 비자 기간이 만료되어 중국으로 돌아가야 할 처지에 놓인 것이다. 낸시는 비자를 연장하여 이들을 보호해야 한다고 강력하게 주장하였다. 정부는 중국과의 외교 관계를 이유로 들며 이 법안을 거부했다. 하지만 꾸준히 이의를 제기했고, 마침내 비자를 연장하는 행정명령을 받아내 많은 학생들의 생명을 구할 수 있었다.

옳은 길이라고 생각하며 걸어 온 시간들이었고, 낸시는 지금의 문제에서도 옳은 길을 가고 있다고 믿었다.

'명분 없는 전쟁은 멈춰야 해.'

그녀는 부시 대통령과 정면으로 맞섰다. 자신이 소속된 민주당이 더 많은 의석을 확보해야 전쟁을 저지할 수 있었다. 그러려면 이 전쟁으로 인해 얼마나 많은 생명과 소중한 기회들을 잃고 있는지 국민들에게 정확히 알려야 했다.

"이라크에서 40일 동안 쓰는 비용이면 미국 어린이 천만 명에게 1년 동안 의료혜택을 줄 수 있어요. 또 이라크에서 2주 동안 쓰는 돈은 매년 암으로 죽어가는 55만 명을 위한 암 연구를 사용하는 데 쓸 수 있는 액수죠. 무엇이 정말 국민을 위한 일일까요?"

보수층의 확고한 지지를 받고 있는 공화당을 상대하는 일은 쉽지 않았지만, 잘못된 정보를 흘리고 별다른 계획도 없이 무작정 전쟁에 뛰어든 대통령과 여당의 정책을 그냥 둘 수는 없었다.

"아무리 노력해도 우리를 반대하는 60% 노년층의 마음을 잡기는 힘들 거예요."

"맞아요. 이미 12년이나 공화당이 하원을 차지하고 있잖아요. 어차피 지는 싸움이에요."

끝이 보이지 않는 싸움 앞에 민주당 내부에서도 포기하는 의원들이 하나둘 나오기 시작했다. 그럴 때마다 낸시는 말했다.

"기억하세요. 이건 다섯 명 중 한 명을 위한 일이에요. 미국에서 다섯 명 중 한 명의 아이가 지금 빈곤한 삶에 처해 있다고요. 전쟁보다 더 중요한 일은 이 아이들이 자유롭게 꿈꾸고 도전할 기회와 여건을 만들어 주는 일이에요."

2006년, 민주당은 중간 선거에서 31석을 추가했다. 총 233석을 확보하여 202석을 확보한 공화당을 압도했다. 12년 만에 '공화당 하원 시대'를 종식시킨 것이다. 그리고 낸시 펠로시는 대통령, 부통령 다음으로 높은 지위를 가지는 하원 의장이 되었다. 미국 최초의 여성 하원 의장이었다.

낸시 펠로시가 처음 보궐 선거에 출마했을 때만 해도 이런 상황이 올 거라고는 아무도 예상하지 못했다.

"존, 상대 후보들이 날 공격하기 시작하면 어떻게 대응해야 할까요?"

"걱정 말아요. 그들은 당신을 공격하지 않을 거예요. 당신을 경쟁 상대로 생각하지도 않을 거니까요."

그녀를 돕던 선거대책 공동위원장은 걱정하는 그녀에게 이렇게 말할 정도였다. 다섯 아이를 키우던 정치 경력이 전무한 47세 여성의 도전. 내로라하는 쟁쟁한 후보들을 물리치는 것은 누가 봐도 쉽지 않은 싸움이었다. 하지만 그녀는 보란 듯이 당선되었다.

미래는 자신의 꿈이 아름답다고 믿는 사람의 것이라 했다. 당신은 지금도 충분히 아름답고 빛나지만, 당신 안에 그 이상의 위대한 능력을 품고 있다. 제발 당신의 능력을 가슴속에 꽁꽁 싸매두지 않았으면 한다. 밖으로 펼쳐 보이자. 그것은 당신의 뒤를 이을 많은 여성들을 위한 책임이고, 의무이다. 우리의 이전 사람들이 그랬듯이.

Part 05.

배려를 보인 그녀들

마음을 자극하는 단 하나의 사랑의 명약, 그것은
진심에서 오는 배려다

66

살면서 여러분의 가슴을 아프게 하는 고통을 볼 수도 있을 거예요.
그런 일이 일어나도 고개를 돌리지 마세요.
바로 그 순간이 변화가 탄생하는 순간입니다.

99

멜린다 게이츠

빌&멜린다 게이츠 재단 의장_ 포브스 선정 세계에서 가장 영향력 있는 여성 3위

가슴이 아프더라도 바라보세요

■■ Microsoft

"빌, 우리 얘기 좀 해요."

"여보, 잠시만."

담당 변호사와 통화를 하던 빌 게이츠가 손으로 송화기를 막고 대답했다. 마이크로소프트사를 운영하며 세계 갑부 대열에 오른 빌 게이츠의 전화기는 엄청난 부와 명성만큼이나 크고 작은 소송과 사업 다툼으로 하루도 조용할 날이 없었다.

"빌…"

"빌!"

"지금 그게 중요한 게 아니라고요!"

멜린다는 요즘 들어 사업을 키워나가는 데만 혈안이 된 남편을 보며 한심하다는 듯 소리쳤다.

"당신, 도대체 왜 그래요?"

평소와 다른 아내의 모습에 빌 게이츠는 당황스러운 듯 그녀를 쳐다봤다.

'지금 질병에 걸리는 사람들의 90퍼센트는 가난한 나라의 사람들이다. 하지만 이들 나라가 보유한 의료 자원은 전 세계 보유량의 단 10퍼센트뿐이다.'

아프리카의 실상이 담긴 〈뉴욕타임지〉의 기사를 읽던 멜린다 게이츠는 몇 년 전 여행을 하며 보았던 참혹한 광경을 떠올렸다.

1993년, 그녀는 남편과 아프리카를 여행하며 큰 충격에 빠졌다. 아프리카의 가난에 대해 알고는 있었지만 이 정도일 줄은 상상도 하지 못했던 것이다. 사람들은 물도 전기도 없는 허물어진 판잣집에서 인간으로서 누려야 할 최소한의 생활도 보장받지 못한 채 살고 있었다. 상처투성이 맨발로 채소를 팔러 가는 여인들, 아무 치료도 받지 못한 채 에이즈와 결핵, 말라리아로 죽어가던 아이들의 모습이 여전히 생생했다.

여행을 다녀온 후 꾸준히 봉사와 기부를 하고 있지만 7년이 지난 지금도 실상은 크게 달라진 게 없었다. 근본적인 대책이 필요했다.

"빌, 와서 이 기사 좀 봐요."

멜린다는 낮게 가라앉은 목소리로 남편에게 신문을 건넸다.

"아버님이 말씀하신 것처럼 지금이 바로 자선활동을 시작해야 할 때예요."

하지만 빌의 생각은 달랐다.

"물론 나도 당신 마음은 알아요. 하지만 그건 우리가 더 나이가 들어서도 할 수 있어요. 지금 내게 중요한 건 사업을 지키고 번창시키는 일이에요."

어렸을 때부터 컴퓨터에만 빠져 있던 빌 게이츠는 사실 자선사업에는 별로 관심이 없었다. 더군다나 지금은 정부의 제재와 경쟁업체들과의 싸움으로 다른 데에 신경 쓸 여유도 없는 상황이었다.

"지금 하지 못하면 나중에도 하지 못해요. 당신 삶에서 무엇이 더 의미 있는지 생각해보았으면 해요."

멜린다는 남편이 스스로 깨닫길 바랐다. 그래서 빈곤국의 열악한 현실을 담은 기사나 자료를 자연스럽게 건네 대화를 나누거나 틈틈이 그를 설득해 봉사에 참여했다. 자선에 관심을 갖도록 꾸준히 이끈 것이다.

그녀의 노력 덕분일까? 어느 날, 아프리카에 사업차 방문했던 그가 목이 메어 전화를 걸어왔다.

"멜린다, 전에 가보지 못한 곳에 갔다 왔어요. 집에 가서 이야기해줄게."

멜린다는 남편이 무엇을 보았을지, 어떤 마음인지 짐작할 수 있었다. 남편의 눈에도 사업적인 부분보다 열악한 삶의 모습이 먼저 들어오기 시작한 것이다. 독식을 일삼던 기업사냥꾼은 세계 최고의 자선사업가로 다시 태어났다.

"우리가 가진 거대한 부에는 막중한 사회적 책임이 따른다고 생각합니다. 죽기 전까지 제가 번 돈의 95%를 사회에 내놓겠습니다."

2000년, 제3세계 빈민구호와 질병퇴치를 위한 빌&멜린다 게이츠 재단이 설립되었다. 처음에 사람들은 빌 게이츠가 자신의 이미지를 쇄신시키기 위한 전략으로 재단을 설립한 것이 아닌지 그의 선의를 의심했다. 그리고 아내 멜린다 게이츠는 남편을 대신해 공식 석상에 얼굴만 비추는 마이크로소프트사의 안주인 정도로 생각했다. 하지만 멜린다는 자리에 앉아 그저 거금을 쾌척하는 식의 자선 활동을 하는 게 결코 아니었다. 빈곤국들의 질병 문제를 해결하기 위해 직접 현장으로 갔다. 아프리카나 남아시아에서 사람들과 함께 지내며 그들을 위해 무엇을 어떻게 도울지 세부적인 부분들을 설계했고, 면역학 관련 서적과 개발보고서를 꾸준히 보며 재단의 운영에 반영했다.

"멜린다의 영향으로 자선을 시작해서 현재 그 길을 걷고 있습니다."

게이츠 부부는 240억 달러 이상의 천문학적인 액수를 재단에 내놓았고, 그들로 인해 전 세계 70만 명이 넘는 사람들이 목숨을 구할 수 있었다. 세계보건기구의 1년 예산보다 더 많은 돈이다. 멜린다 게이츠는 자신이 누릴 수 있는 안락함 대신 가난한 사람들의 생명을 구하는 길을 선택했다. 사람들은 이제 그녀를 빌 게이츠의 아내로만 기억하지 않는다.

"희망이 없는 사람들을 보면 마음이 아픕니다. 하지만 무언가를 정말 제대로 하기 위해서는 그쪽에서 최악을 볼 수도 있어야 합니다."

그녀가 스탠포드 대학교의 졸업축사에서 한 말이다. 누군가의 고통을 마주한 후의 불편한 마음이 싫어 주변에서 일어나는 문제들을 애써 모른 척할 때가 있다. 알면서도 모른 척하는 것, 그것은 모르는 것보다 더 바람직하지 못한 모습일 수도 있다.

살면서 마주치게 되는 상황들을 피하지 말자. 고개를 돌리지 말자. 멜린다 게이츠의 말처럼 고개 돌리지 않고 상황을 직면할 때 변화가 일어날 것이다.

66

저는 마음을 열고 세상에 대해 더 많이 알고,
배우고 싶었어요. 다른 사람들에 대해서,
세상에서 벌어지는 일에 대해서 알고 싶었어요.
그렇게 해서 저는 변했어요.

99

안젤리나 졸리

배우_ 포브스 선정 세계에서 가장 영향력 있는 여성 54위

Angelina Jolie

세상에 대한 관심을 놓지 마세요

UNHCR

"저도 이번 테러가 매우 끔찍하고 가슴 아프긴 하지만 그렇다고 해서 중동 사람들에게 공적인 지원을 끊어서는 안 된다고 생각해요. 이번 일로 죄 없는 아프간 국민들이 벌을 받아야 하는 건 아니잖아요. 그곳은 지금도 많은 사람들이 가난과 전쟁으로 고통을 당하고 있어요."

9·11테러로 슬픔과 충격에 빠진 미국. 안젤리나 졸리의 발언은 큰 파장을 불러일으켰다. 테러 후 미국 내 많은 사람들이 중동 지역 사람들에게 적개심을 나타내며 똑같이 보복을 가해야한다고 분노하고 있었다. 미국 연방정부도 테러에 맞서 전쟁을 준비하고 있었다. 이런 분위기 속에서 그녀의 발언은 매우 민감하고 위험했다. 특히나 그녀는 사람들의 인기를 한 몸에 받고 있

는 할리우드 여배우가 아닌가?

아니나 다를까, 발언 이후 엄청난 협박과 비난이 쏟아졌고 심지어 가족들에게까지 위협이 가해졌다.

"안젤리나, 이번 테러로 3천 명 이상의 무고한 사람들이 죽었어. 지금 세계가 분노하고 있다고. 넌 공인이니 말을 조심할 필요가 있어."

"지금 내 말이 틀렸다는 거야? 테러범들이 문제지 모든 아프간 국민들이 잘못한 건 아니잖아. 그런데 사람들은 지금 마치 아프간 국민들이 모두 죄인인 양 취급하잖아."

그녀는 자신의 생각이 틀렸다고 생각하지 않았다. 그녀가 만난 아프가니스탄을 비롯한 중동 지역 사람들은 가난과 전쟁의 위험 속에서 힘겹게 살아가고 있는, 누구보다 도움이 절실한 사람들이었다. 왜 죄 없는 그들까지 전쟁에 희생되어야 하는지 도저히 이해할 수 없었다.

'그들도 우리처럼 그저 가족끼리 모여 하루하루 살아가는 평범한 사람들인데……'

그녀는 흙이 잔뜩 묻은 자신의 낡은 겉옷을 바라봤다. 얼마 전 아프리카와 캄보디아, 파키스탄을 여행하며 입었던 옷이었다. 그때 자신의 손을 꼭 잡았던 가녀린 아이. 그 아이의 맑은 눈빛이 떠올라 코끝이 시큰했다.

사실 졸리는 그동안 세계 인권에 대해 생각해본 적이 별로 없었다. 오히려 자신의 삶도 스스로 주체하지 못할 정도로 위태로웠다. 어릴 때부터 자해를 일삼았고 자살을 시도하기도 했다. 약물 복용에 정신병원 입원을 한 적이 있을 정도로 심리적으로 매우 불안정한 상태였고, 하루에도 몇 번씩 죽음을 생각하며 삶의 의미를 찾지 못하고 방황했다.

'어차피 난 평범해질 수 없는 아이잖아.'

그녀는 어릴 때부터 자신이 매우 불행하다고 생각했다. 유명 배우인 아버지는 그녀가 태어난 지 얼마 되지 않아 가족 곁을 떠났고, 졸지에 가장이 된 어머니가 외벌이로 살림을 꾸려나가기는 녹록치 않았다. 항상 가난했고, 외로웠다. 그러한 환경은 배우가 된 후에도 그녀를 항상 자신만의 세계에 갇혀 있게 만들었다. 어쩌면 그녀가 영화 〈지아〉에서 약물 중독에 빠져 짧은 생을 마감한 모델 지아 마리 카란지와 〈처음 만나는 자유〉에서 정신병원에 수감된 리사의 역할에 애착을 보이며 열연을 펼칠 수 있었던 것도 그들의 모습에서 자신을 발견했고, 그래서 그 마음을 더욱 잘 이해할 수 있게 되어서가 아니었을까 생각된다.

그런 그녀의 삶을 송두리째 바꾸어놓은 건 영화 〈툼 레이더〉의 촬영이었다. 안젤리나 졸리는 영화를 촬영하며 캄보디아에 주로 머물렀다. 그곳은 그동안 가본 곳 중 가장 아름답다고 생각될 정도로 빼어난 경치를 자랑했지만, 시간이 흐를수록 그 뒤에 가려진 캄보디아의 슬픈 역사와 지독한 가난이 보였다.

잦은 내전과 굶주림으로 국민의 4분의 1인 200만 명 이상이 목숨을 잃었고, 지금도 많은 사람들이 전쟁과 지뢰의 공포, 굶주림 속에서 살아가고 있었다. 졸리는 이곳에 오기 전까지는 이렇게 많은 사람들이 지뢰에 노출되어 죽어가고 있는 것을 알지 못했다. 그녀에게 그들의 삶은 충격 그 자체였다.

"십대 때 누군가가 저를 아프리카 한가운데에 데려다 놓았다면, 저는 제 자신과의 한심한 싸움 따위 하지 않았을 거예요. 그곳에서는 감히 우리가 상상할 수 없는 고통, 죽음과의 힘겨운 싸움이 한창이니까요."

항상 자신이 가장 고통스럽다고 생각하며 살았던 그녀가 생사가 달린 진짜 고통의 현장을 마주하면서 자신이 얼마나 어리고 나약했는지 깨닫게 된 것이다.

"제가 그들을 위해 무엇을 할 수 있을까요?"

촬영을 마치고 미국으로 돌아온 안젤리나 졸리는 유엔난민고등판무관에 무작정 전화를 걸었다. 어떤 식으로든 그들을 돕고 싶어서였다.

그녀는 유엔 사절단과 함께 가난에 허덕이는 난민들을 적극적으로 돕기 시작했다. 난민촌에 머무르며 그들과 다른 그 어떤 특별한 대우나 환경을 원하지도 않았다. 묵묵히 봉사에 참여했고, 수백만 달러를 기부했다. 유명인인 덕분에 목소리를 내면 파급효과는 일반인보다 훨씬 컸다. 그녀는 배우라는 직업을 가지고 자신이 해야 할 일이 무엇인지 알게 되었다.

봉사활동을 하면서 그녀는 난민촌 아이들의 손을 꼭 잡고 이렇게 말해주었다.

"아가야, 네가 불쌍해서가 아니라 너는 이 나라의 미래이기 때문에 우리의 도움이 필요한 거야."

처음 안젤리나 졸리의 활동을 두고 일각에서는 많은 수군거림이 있었다. 그녀가 자신의 이미지 개선을 위해 거짓 봉사와 기부를 하며 세인의 관심을 끌고자 한다는 시선이었다. 사실 할리우드에서 그녀는 '바른 여자' 이미지는 아니었다. 십대 시절부터 칼을 수집하는 취미에, 검은 옷만 고집하고, 자주색으로 머리를 염색하는 등 외적인 모습뿐만 아니라 이른 나이에 시작한 동거, 우울증, 요란스러운 두 번의 결혼생활과 이혼의 경험, 평소 지나치게 솔직한 언행 등으로 색안경을 끼고 보는 이들이 많았다. 그녀가 난민촌 아이들을 입양하길 원했을 때에도 과연 부모로서 아이를 키울 자격이 있는지를 두고 많은 말들이 나왔다. 주변의 시선이나 말들에 별로 신경을 쓰지 않는 그녀였지만 이때만큼은 힘겨워했다.

"요즘처럼 내가 만들어 놓은 이미지와 그동안의 행동들이 후회된 적이 없어."

안젤리나는 친구에게 속마음을 털어놓으며 힘든 시간을 보냈다.

그러나 수군거림은 금세 수그러들었다. 안젤리나의 선행이 사람들의 입을 통해 속속 알려졌기 때문이다.

"안젤리나 졸리는 다치거나 목숨을 잃을 수도 있는 위험한 국가를 방문할 때에도 여행이 안전한 지 우리에게 단 한 번도 물은 적이 없어요. 할리우드 스타임에도 무언가를 요구한 적도 없고요. 굉장히 힘들고, 위험한 상황에서도 불평 한마디 하지 않았죠. 난민들과도 아주 쉽게 친해졌고, 많은 사람들이 그녀를 좋아했어요."

그녀는 지금까지 난민촌에서 세 명의 아이들을 입양했다. 그 아이들이 더 나은 환경에서 체계적인 교육을 받은 후 훗날 자신들의 모국을 위해 힘쓰도록 하고자 함이다. 그래서 지금도 끊임없이 아이들과 함께 그들의 모국을 비롯해 세계 각지로 봉사활동을 다니며 난민들의 인권 보호를 위해 노력하고 있다. 전 세계 난민촌에서는 아기의 이름으로 안젤리나 졸리의 이름을 따서 짓는 경우가 많다고 한다. 이를 보면 그녀의 헌신이 그들의 마음에 얼마나 깊이 새겨졌는지 알 수 있다.

"저는 쇼핑을 잘 하지 않아요. 구두창을 네 번이나 갈아 끼운 신발도 있고, 옷도 주로 같은 것을 입어요. 다른 신발이나 옷을 살 계획이 없으니 그렇게 할 수밖에 없어요."

매년 수백만 달러를 척척 기부하지만 자신에게만큼은 별로 투자하지 않는 그녀이다. 실제로 그녀는 다른 할리우드 스타들과 달리 평소 화장기 없는 얼굴에, 헐렁한 티, 청바지를 입고 있는 모습으로 자주 목격된다. 하지만 여전히 세계 최고의 미녀로 꼽힌다. 외모만이 아닌 그 누구도 흉내 낼 수 없는 숭고한 아름다움이 더해졌기 때문이다.

그녀는 봉사와 자선 활동을 통해 자신이 좀 더 '쓸모 있는' 사람이 되었다고 말한다.

'가치 있는 일'이란 것은 그렇게 어려운 일이 아니다. 지금 당장 누군가를 위해 작은 선행을 베풀어보자. 주위를 둘러보면 당신의 따뜻한 손길을 필요로 하는 곳이 아주 많다. 분명 그 작은 나눔을 통해 당신의 삶이 더욱 충만하게 됨을 깨닫게 될 것이다.

사람과 사람 사이의 관계 속에서 서로를 지지해야 해요.
우리는 서로를 일으켜줘야 해요.

테일러 스위프트

가수_ 포브스 선정 세계에서 가장 영향력 있는 여성 64위

Taylor Swift

당신의 작은 관심이
누군가를 일으켜줄 수 있어요

"어? 다들 와서 이것 좀 봐!"

신규 음악 스트리밍 서비스인 '애플뮤직' 런칭으로 눈코 뜰 새 없이 바쁜 애플의 한 사무실. 마케팅 담당자 한 명이 직원들을 향해 소리쳤다.

"왜? 설마 벌써 접속자 폭주야?"

직원들은 마케팅 담당자의 자리로 하나둘 몰려들었다. 그가 가리킨 컴퓨터 모니터에는 한 장의 편지가 띄워져 있었다.

'친애하는 애플사에 애정을 담아 이 편지를 보냅니다.

아무래도 제 앨범 '1989'를 '애플뮤직'에서 내리기로 한 이유를 설명드려야 할 것 같아 이 글을 씁니다.'

"아니, 테일러 스위프트잖아?"

편지를 읽는 직원들의 눈이 휘둥그레졌다.

테일러 스위프트. 그녀는 10대들의 열렬한 지지를 받고 있는 컨트리팝 가수이다. 27살이라는 젊은 나이에도 불구하고 연평균 수익이 400억 원에 이르고, 모든 앨범이 500만 장 이하로 판매된 적이 없을 정도로 절대적인 인기를 얻고 있다. 심지어 어린 나이에 큰 부를 맛보며 탈선의 길로 쉽게 빠졌던 많은 아이돌 스타들과 달리 누구보다 기부에 앞장서고, 자신의 행동이 청소년들에게 나쁜 영향을 끼칠까봐 술, 담배, 마약 등도 일절 하지 않아 더욱 많은 사랑을 받고 있는 가수였다.

그런 그녀가 애플에 편지를 보내 온 것이었다.

'애플의 새로운 음악 스트리밍 서비스인 '애플뮤직'이 사용자들에게 3개월간 무료 체험을 제공한다고 들었습니다. 그리고 그 3개월 동안은 창작자들에게 아무런 돈을 지급하지 않는다는 얘기도요. 저는 그 이야기를 듣고 매우 실망했어요. 애플처럼 진보적이고, 예술가들에게 관대한 회사에서 그런 처사를 내리다니요.

물론 저는 감사하게도, 이번에 다섯 번째 앨범을 냈고, 공연을 하는 것만으로도 충분히 저와 제 밴드, 그리고 전체 매니지먼트팀을 꾸려갈 여력이 됩니다. 하지만 첫 앨범을 낸 신인가수들이나 작곡가, 프로듀서에게 3개월간 돈을 받지 못하는 것은 너무나 긴 시간입니다.

편지를 읽어 내려가는 직원들의 얼굴이 조금씩 굳어지기 시작했다. 그녀의 편지는 애플의 음악 서비스 방식에 대한 항의 글이었다. 애플은 이번에 '애플뮤직'을 새롭게 시작하면서 사용자들에게 3개월간 무료로 음악을 제공할 방침이다. 물론 음악을 제공하는 예술가들에게도 3개월간 무료로 음악을 지원해줄 것을 요청하였다. 자신의 음악을 알릴 수 있는 기회가 부족한 무명 음악인들로서는 '애플뮤직'의 운영방식을 무조건적으로 따를 수밖에 없었다. 이에 테일러 스위프트가 대신 반론을 제기한 것이다.

'우리는 애플이 얼마나 큰 성공을 거둔 회사인지 잘 알고 있습니다. 그리고 3개월간 창작자들에게 지급할 충분한 돈이 있다는 것도요. 무엇보다 누군가에게 공짜로 일해달라고 요청을 하는 건 불공정한 처사라고 생각해요.

아직 늦지 않았습니다. 운영 방침에 대한 생각을 바꿔주신다면 음악 산업에 종사하는 모든 사람들이 진심으로 감사해 할 거예요. 우리는 여러분께 아이폰을 공짜로 달라고 요구하지 않습니다. 부디 우리의 음악을 공짜로 달라고 요구하지 말아주세요.'

사무실 안에 침묵이 흘렀다.

"사실 테일러 말이 틀린 얘기도 아니지 뭐."

"그렇지만 '애플뮤직' 덕분에 신인 가수들은 음악을 알릴 수

163

있는 기회가 생겼잖아. 꼭 손해만 보는 건 아니야."

그녀의 편지로 애플 직원들 사이에서도 의견이 분분했다.

"경영진도 이 편지를 봤을까?"

그녀의 편지는 큰 화제를 몰고 왔고 모든 시선이 애플 측에 쏠렸다.

다음날, 애플의 에디 큐 부사장은 그녀의 편지에 대한 공식 입장을 발표했다.

"아침에 테일러 스위프트가 올린 글을 보았습니다. 그리고 저희의 생각을 바꾸었습니다. 애플은 무료 서비스 기간인 3개월 동안에도 창작자에게 로열티를 지급하겠습니다. 테일러 스위프트와 인디 음악가들의 이야기를 듣겠습니다."

애플사의 공식 입장을 들은 테일러 스위프트와 음악가들은 환호성을 질렀다. 사실 테일러 스위프트에게는 3개월간 받을 로열티가 그다지 큰돈은 아니었지만, 그녀의 편지는 가난하지만 열정을 가진 모든 음악가들을 위한 용기의 산물이었다. 그녀의 용기 있는 발언은 음악을 하는 많은 사람들이 마땅히 누려야 할 권리를 되찾아주는 힘이 되어주었다.

테일러 스위프트는 평소 많은 선행을 베푸는 것으로 유명하다. 거액의 모금을 통해 어려운 이들을 돕기도 하지만, 작은 관심과 배려가 있어야만 가능한 선행들도 많이 행한다. 그녀를 보고 싶어 하는 소녀를 위해 몰래 병원에 방문하여 노래를 불러주기도 하고, 암을 극복한 팬을 콘서트에 초대하여 축하해주기도 했다. 애플의 정책에 당당히 반론을 제기할 수 있었던 것도 다른 이들에 대한 관심이 없었다면 결코 가능하지 않았을 것이다.

주변을 둘러보자. 당신의 목소리를 필요로 하는 이들이 너무나 많다. 그들을 위해 당당히 목소리를 낼 줄 아는 용기, 그 용기야말로 지친 사회를 일으켜주는 힘의 근원이 되지 않을까?

때론 용서할 수 없는 사람이 있어요.
도저히 지울 수 없는 분한 일들도 있죠.
그러나 그럴수록 지우고 용서하세요.
왜냐하면 그런 기억과 분노들이
우리에게 주어진 삶의 질을 망가뜨리니까요.

미첼 바첼레트
칠레 대통령_ 포브스 선정 세계에서 가장 영향력 있는 여성 27위

용서할 수 없어도 용서하세요

"저보고 국방부 장관을 하라고요?"

미첼 바첼레트는 자신의 귀를 의심했다. 칠레처럼 남성 중심
의 보수적인 나라에서 여자가 국방부의 수장이 된다는 사실도
놀랍지만, 그보다 자신의 지난 삶을 되돌아 볼 때 이는 결코 유
쾌할 수 없는 상황이었다.

"피노체트 정권 때 고문으로 사망한 군인의 딸, 국방부장관으
로 임명되다."

군부와 악연이 있는 그녀의 이야기를 놓칠 리 없는 언론은 이
를 연일 보도해댔다.

칠레는 1973년에 군사 쿠데타가 일어난 후로 16년간 독재정
치가 이어졌다. 당시 물가 조절 위원장을 맡고 있던 그녀의 아버

지는 쿠데타 후 국가반역죄로 몰려 모진 고문을 당하다 사망했다. 미첼과 어머니는 가까스로 목숨을 건져 해외로 추방되었다. 그녀를 비롯한 가족들은 독재 정권이 끝날 때까지 정부의 감시와 탄압 속에서 숨죽여 지내야만 했다.

'내가 국방부장관이라니……. 말도 안돼.'

독재정권이 무너진 지 이미 20여 년이 지났지만 군부에는 독재자 피노체트의 후계자들이 여전히 포진하고 있었다. 미첼은 도대체 그들을 어떻게 다시 마주해야 할시 용기가 나질 않았다.

그리고 이 상황이 당혹스럽긴 군부도 마찬가지였다.

"국방은 남자들도 다루기 어려운 문제입니다. 여자가 장관을 한다니요."

"군에 대해 잘 모르는 그녀가 뭘 할 수 있을지 모르겠군요."

군 지휘관들은 겉으로는 미첼의 능력을 문제 삼았지만, 마음 속에는 그녀가 장관이 된 후 자신들에게 복수를 할지 모른다는 두려움이 깔려 있었다.

누가 보아도 쉽지 않은 길이었다. 그런데 미첼은 장관직을 포기할 것이라는 예상을 깨고 고심 끝에 장관 임명을 받아들였다.

"많은 분들이 걱정하고 있다는 것을 잘 알고 있습니다. 비록 군인 출신은 아니지만 저는 군대에서 국민을 바라보는 시각과 국민이 군대를 바라보는 시각을 모두 잘 알고 있다고 생각해요.

서로 다른 두 시각을 이어주는 다리 역할을 하며 주어진 임무를 잘 해내도록 하겠습니다."

하지만 군부는 미첼이 추진하는 정책들에 대하여 비협조적인 태도로 일관했다. 그들은 언제 칼바람이 불어 닥칠지 모른다는 생각에 소극적인 입장을 취했다. 심지어 사병들마저도 여자인 그녀를 대놓고 무시했다. 미첼은 장관으로서 강인하고 통솔력 있는 모습을 보이려 노력했지만, 취임 후 5개월이 지지부진한 채 흘러갔다.

그러던 6월의 어느 날, 칠레 전역에 엄청난 폭우가 쏟아졌다. 폭우로 집들이 무너지고 인명 피해가 속출했다.

"최대한 구조 준비를 서둘러 주세요. 저도 바로 현장으로 가겠습니다."

미첼은 중요한 업무들을 각 책임자들에게 지시 후 수해 현장으로 뛰어들었다.

"장관님께서 어떻게 여기까지……."

폭우를 뚫고 비행사용 가죽점퍼 하나만을 걸친 채 현장으로 달려온 그녀를 본 사병들은 놀란 기색이 역력했다. 지금까지 수해 현장을 직접 누빈 장관은 없었기 때문이다. 그녀는 투입된 장병들과 함께 수륙양용차에 올라타 구조 활동을 지휘했다.

"지금 무엇보다 중요한 건 안전입니다. 주민들의 안전뿐만 아니라 여러분의 안전도 마찬가지입니다. 우리는 반드시 이 재난을 이겨낼 겁니다."

미첼과 사병들은 위험천만한 상황에서도 수재민들을 구해내기 위해 사력을 다했다. TV에 생중계되는 그들의 구조 모습을 본 국민들의 마음도 움직이기 시작했다.

그동안 오랜 독재와 철권통치로 군부의 이미지는 좋지 않았다. 그들이 언제 다시 쿠데타를 일으킬지 모른다는 우려 때문이었다. 하지만 맹렬한 폭우와 바람을 뚫고 수재민들을 구하는 미첼과 사병들의 모습은 칠레를 다시 하나로 만들어주는 계기가 되었다.

"부대 차렷! 국방 장관님께 대하여 경례!"

복구활동을 마무리 짓고 부대를 다시 찾은 그녀를 향해 군인들이 절도 있는 경례를 했다. 그들의 눈빛에는 이전에 볼 수 없었던 진심 어린 존경과 경의가 담겨 있었다. 미첼도 미소 지으며 군인들에게 다정스레 볼 키스를 건넸다. 서로에 대한 이해와 용서로 하나가 되는 순간이었다.

"우리가 살아야만 했던 그런 삶을 우리 후손들이 살지 않게 해야 합니다."

그녀가 장관직을 받아들인 이유였다. 사실 그녀가 아버지를 죽이고 자신을 고문한 자와 얼굴을 마주한다는 것은 쉬운 일이 아니었다. 하지만 시간이 흘러도 계속 이어지는 이 불편한 관계를 누군가는 끝내야했고, 지금이 바로 그때라 생각한 것이다. 그녀의 용서와 관용적인 태도는 군심과 민심을 모두 얻으며 지금의 대통령 자리에까지 오르게 해주었다.

우리의 삶은 수많은 사건들의 연속이다. 좋은 사건과 나쁜 사건들이 쉴 새 없이 벌어지고, 그러는 사이 심한 상처를 입고 좌절하기도 한다. 혹시 지금도 과거의 상처에 괴로워하고 있다면, 어떤 경우에는 용서와 화해가 답이 될 수도 있음을 생각해보자. 용서는 많은 용기를 필요로 하고, 또 상처를 극복한 자들만의 권리이다. 당신의 남은 삶은 길고, 할 일은 많다. 과거의 상처가 아직 발목을 잡고 있다면, 한 번쯤 용서라는 단어를 떠올려보자.

Laurene Powell Jobs

있는 그대로 바라보세요

"어쩌죠? 그 날은 이미 모든 방이 예약되어 있네요."

"아… 그렇군요…."

"다른 날로 예약해 드릴까요?"

"저기… 죄송한데 혹시 18일 그 스위트룸을 양보해주실 수 있는지 먼저 예약한 분께 물어봐주시겠습니까? 그날이 저희 부부 20주년 결혼기념일이어서요. 대신 제가 그 분이 원하시는 날짜로 새로 예약을 해드리고 모든 비용을 대겠습니다."

스티브 잡스는 평소의 그답지 않게 조심스럽게 용기를 내 직원에게 물었다.

3월 18일. 그날은 아내 로렌과의 결혼이 20주년이 되던 기념일이었다. 평소의 그는 주변 사람들의 생일이나 기념일들을 잘

챙기지 못했다. 사실 별로 관심을 갖지도 않았다. 하지만 올해는 달랐다. 그는 아내를 위한 깜짝 파티를 계획하고 있었다.

'어쩌면 마지막이 될지도 모를 결혼기념일인데……. 그 손님이 안 된다고 하면 어쩌지.'

초조한 시간이 흘렀다.

"20주년 결혼기념일이라면 그분들이 기꺼이 양보하겠다고 하시네요."

얼마 후 다시 전화를 걸어온 직원이 웃으며 말했다. 암 투병으로 수척해진 그의 얼굴에도 환한 미소가 번졌다.

20년. 참 빠르게 흘러간 시간이었다. 생각해보면 일에만 빠져 지내느라 아내와 아이들을 미처 돌아보지 못할 때가 많았다. 그럼에도 묵묵히 자신의 옆을 지키며 아이들을 챙겨준 아내. 지난 긴 세월의 일들이 주마등처럼 스쳐지나갔다.

"잠시만요! 잠깐만 기다려요!"

1989년 10월, 스탠포드 경영대학원에서 강연을 마친 후 스티브 잡스는 그의 강연을 듣고 돌아가는 로렌을 주차장까지 허겁지겁 따라가 불러 세웠다.

"당신, 추첨에 당첨돼서 제가 저녁을 사야 한다면서요? 오늘밤 어때요?"

로렌은 숨을 헐떡이는 그를 놀란 눈으로 돌아보며 자신이 아까 잡스에게 건넨 농담을 기억해냈다.

"제가 추첨에 당첨돼서 이 자리에 앉게 되었어요. 그러니 상
으로 저녁 식사를 사주셔야 해요."

우연히 맨 앞자리에 앉게 된 그녀가 강연 전 스티브 잡스에게
한 말이었다.

"아까 그 말은 제가 농담으로……. 좋아요. 그렇게 해요."

로렌은 그의 갑작스런 제안에 놀랐지만, 이내 미소를 지으며
흔쾌히 응했다. 가을 저녁, 그들은 마치 오랜 시간을 함께 한 연
인처럼 서로에게 깊이 빠져들었다.

하지만 스티브의 성격을 감당하는 건 결코 쉬운 일이 아니었
다. 그는 자기 일에 매우 열정적이었지만 괴팍하고, 다혈질적인
성격으로 주변과의 마찰이 잦았는데, 사랑을 할 때도 마찬가지
였다. 어떤 날은 열렬히 애정을 보이다가도 또 어떤 날은 가족들
을 제쳐둔 채 일에만 빠져 지냈다. 특히 그의 기분이나 일정에
따라 가족의 행사 계획을 바꾸는 일이 잦았다.

"아빠는 항상 제멋대로야."

"아빠가 요즘 편찮으시잖니. 네가 이해해드리렴."

"편찮으시기 전에도 항상 그러셨잖아요."

"그럼 우리 같이 아빠를 설득할 수 있는 방법을 생각해볼까?"

그럴 때마다 그녀는 아이들을 도와 아이들의 아빠를 설득할

다양한 방법을 짜내 결국 그를 꼼짝하지 못하게 만들어 버리곤 했다.

스티브 잡스의 사업적 발자취로서의 20년 역시 수많은 영욕으로 얼룩진 세월이었다. 특유의 까다로운 성격 때문에 많은 사람들에게 독설을 퍼부었고, 원망을 들으면서도 끝내 자신의 고집대로 하고야 말았던 그였다. 자신이 설립한 회사에서 쫓겨나 다시 새로운 사업을 시작했고, 몇 년 뒤 위기에 봉착한 애플로 복귀해서도 예의 그 성격을 유감없이 발휘했다. 타인은 흉내도 낼 수 없을 만큼 독단적인 경영 스타일을 발휘하여 애플을 다시 한 번 반석 위에 올려놓은 것이다. 그리고 그런 잡스의 뒤에는 언제나 로렌이 묵묵히 자리를 지키고 있었다.

그녀의 차분하면서도 의연한 성격이 가장 빛을 발했을 때는 스티브 잡스가 암으로 수술 후 입원했을 때였다. 그녀는 마냥 슬퍼하며 의료진이 치료에 대한 이야기를 해줄 때까지 기다리고만 있지 않았다. 매일 병실에서 모니터들을 살피며 남편의 건강 상태를 확인한 후 보고서와 질문서를 만들어 의료진과 논의하고 치료에 대한 회의를 함께 했다. 그녀는 스티브 잡스의 치료에 있어 매우 중요한 인물이 되어 있었다.

무엇보다 그의 괴팍하고 까다로운 성격을 감당할 수 있는 건 로렌뿐이었다.

"로렌, 스티브 좀 말려봐요."

잡스의 까다롭고 어린 아이 같은 성격은 병원에서 암 투병 중인 상황에서도 마찬가지였는데, 이 때문에 의료진은 하루에도 몇 번씩 로렌에게 도움을 요청했다. 회사에서도 가정에서도 제멋대로였던 스티브 잡스였다. 아무것도 스스로 결정할 수 없고 통제할 수도 없는 상황은 답답해할 수밖에 없었다. 그는 종종 말도 안 되는 이유로 의료진과 실랑이를 벌이곤 했다.

"이 마스크를 도대체 어떻게 쓰라는 거요? 디자인이 너무 마음에 안 들어 쓰기 싫단 말이요. 마스크를 다섯 개쯤 가져오면 내가 마음에 드는 디자인으로 고르겠소."

"로렌, 이 손가락 산소 센서 좀 봐. 너무 볼품없고 복잡해. 차라리 이런 디자인이 낫겠어."

로렌은 그런 괴짜 남편을 다독이고, 때로는 명령하듯 단호하게 얘기하면서 치료를 이어갔다.

'나랑 사는 게 쉽지 않았을 텐데…… 나는 정말 운이 좋은 남자였어.'

그의 얼굴에 씁쓸한 후회의 빛이 드리워졌다. 스티브 잡스는 결혼기념일에 아내에게 줄 편지를 쓰기 시작했다.

'로렌, 20년 전 처음 우리가 만난 순간부터 지금까지 당신은 늘

나를 황홀하게 했소. 당신과 살면서 행복했던 순간도 있었고, 힘들었던 순간도 있었지만 나빴던 순간은 없었소. 어느덧 시간이 흘러 처음 우리가 부부로의 삶을 시작한 그곳으로 돌아왔구려. 우리는 그때보다 좀 더 늙고, 주름이 생겼지만, 그만큼 성숙하고 현명해졌지 않소. 인생의 기쁨과 고통, 경이로움도 알게 되었소. 우리는 여전히 이렇게 서로를 마주하고 있고, 당신으로 인해 황홀하지 않은 적이 한 번도 없소.'

편지를 쓰며 주체할 수 없는 눈물이 잡스의 움푹 꺼진 뺨으로 흘러내렸다. 그는 모든 순간들이 그녀를 통해 더욱 빛나고 소중했음을 다시 한 번 깨닫고 있었다.

"로렌과 멜린다가 자네와 나를 반쯤 미친 상태로 내버려둔 게 얼마나 다행스러운 일인지 모르겠어."

스티브 잡스의 라이벌이자 친구, 때로는 협력자였던 빌 게이츠가 잡스에게 한 말이었다. 그의 말처럼 로렌 파월 잡스는 스티브 잡스의 유별난 성격을 이해하기 위해 노력하고, 부족한 면들을 채워주었다.

그리고 그녀의 이런 성격은 단순히 사랑에 있어서만이 아니었다. 그녀는 사람을 대할 때 상대를 있는 그대로 받아들이고 공감할 줄 알아서, 누구와도 잘 어울린다. 그러한 성격이 외골수인 스티브 잡스가 가족이나 주변 사람들과 멀어지지 않도록 보완해 주었다고 할 수 있다.

어느 누구도 한 가지 모습만을 가지고 있지 않다. 당신에게도 많은 모습이 있을 것이다. 그런데 우리는 때때로 자신에게는 관대한 잣대를, 상대에게는 엄격한 잣대를 들이대고 낙인을 찍어 버린다. 일에서도, 사랑에서도 누군가를 만날 때 일단 그 잣대부터 버리자. 사람과 사람의 관계에서 자가 필요하지는 않을 것이다.

Part 06.

집념을 지닌 그녀들

한때는 불가능하다고 생각한 것이 결국에는
가능한 것이 된다

66

지금 변하지 않으면 10년 후에도 똑같을 겁니다.
임시방편이 아닌 문제에 대한 근본적인 해결책을 알아야 합니다.

99

응고지 오콘조 이웰라

나이지리아 장관_ 포브스 선정 세계에서 가장 영향력 있는 여성 48위

근본적인 해결책을 생각하세요

청중들로 꽉 찬 미국의 비영리 재단 '테드' 강연장. 나이지리아의 재무부 장관인 응고지 오콘조 이웰라가 강단에 섰다.

"안녕하세요, 여러분. 오늘 저는 '아프리카의 새 시대'라는 주제로 얘기를 해볼까 합니다."

그녀는 인사를 건넨 후 사진 한 장을 화면에 띄웠다. 우리가 잘 알고 있는 가뭄과 빈곤으로 고통 받는 아프리카 모습이 담긴 사진이었다. 사람들은 당연히 그녀가 아프리카의 참혹한 실상을 알리며 도움을 요청하고자 할 것이라 생각했다.

"아프리카 대륙은 지금 세계인들이 생각지 못했던 속도로 성장하고 있습니다. 수십 년간 2%에 머물던 경제성장률은 현재는 5%까지 상승했고, 곧 6~7%에 이를 것입니다. 그 말은 곧 사람들이 계획, 건설, 개발을 할 수 있는 바탕이 만들어졌고, 민간투자가 이루어질 여건을 갖추어가고 있다는 얘기죠.”

사람들의 예상과 달리 그녀는 아프리카의 비극이 아닌 희망에 대한 이야기를 하고 있었다. 뜻밖의 이야기에 의아한 청중들과 달리 그녀의 목소리에는 아프리카인으로서의 긍지와 자부심이 담겨 있었다. 이웰라 장관은 힘차고 강한 억양의 영어로 거침없이 이야기를 토해냈다.

“지금 아프리카는 도전에 직면해있습니다. 우리는 사회기반시설을 확충하고, 사업을 할 수 있는 여건을 만들어 좀 더 많은 아프리카인들이 일을 할 수 있도록 해야 합니다. 그것이 왜 중요하냐고요?”

그녀는 자신이 어린 시절 겪은 일을 이야기해주었다.

14살 때, 그녀의 가족은 잦은 내전으로 이리 저리 옮겨 다니는 신세가 되었다. 아버지는 전쟁에 참전 중이었고, 그녀의 어머니는 위장병으로 몸이 불편했다. 엎친 데 덮친 격으로 그녀의 세 살짜리 동생은 말라리아로 생사를 오가고 있었다. 그녀는 고열로 의식이 거의 없는 동생을 들쳐 업고 10km를 걸어 진료를 보는 교회에 도착했다. 그곳에는 이미 많은 사람들로 붐볐고, 그녀는 다급한 마음에 창문을 타고 넘어가 안으로 들어갈 수 있었다.

“정말 운이 좋았구나. 조금만 늦었으면 동생을 잃을 뻔했어.”

의사 선생님은 그녀의 동생에게 주사를 맞히고 수분을 공급했고, 동생은 몇 시간 뒤 조금씩 의식을 차리기 시작했다.

"제가 왜 이 얘기를 하냐고요? 지금 그 세 살짜리 동생은 이제 마흔 한 살이 되었고, 아픈 사람들을 치료하는 의사가 되어 일하고 있습니다. 그녀는 도움을 받았고 이제는 반대로 누군가의 생명을 살리고 있죠. 제가 말하고 싶은 것은 바로 이것입니다."

이야기가 잠시 끊길 때마다 박수가 이어졌지만, 그녀의 열정적인 발언을 끊지 못했고, 그녀는 그 박수 받을 시간마저 아깝다는 듯한 표정으로 이야기를 이어나가고 있었다.

"물론, 정말 그런 도움에 대해 감사드립니다. 하지만 말이죠, 우리는 아프리카인들이 경제의 생산성에 기여할 수 있도록 해야 합니다. 다시 말해서 지금 아프리카에 필요한 건 일회성의 원조가 아닌 무역과 투자입니다."

그녀의 격정적이고 단호한 말에 일순 강연장은 조용해졌고, 많은 사람들이 고개를 끄덕였다.

세계의 많은 사람들이 아프리카를 돕기 위해 노력하지만, 그 방식은 주로 식량을 보내고 질병을 치료해주는 형태로 이루어지고 있었다. 아프리카의 경제 성장을 위해 아프리카 정부와 협력해 사회적 기반을 다지고, 투자를 하는 데에는 소홀했다. 사회 간접자본에 투자하는 소수의 해외 대기업들도 정작 아프리카 국가들의 정부와 상의하여 필요한 곳에 투자하는 것과 같은 정상적인 형태가 아닌, 단지 자신들의 자의적인 판단과 이름을 알리기 위한 홍보성 투자만 하는 상황이 반복되어 왔던 것이다. 과연 그 원조나 투자 대상이 유럽의 한 나라였더라도 그런 상황이 벌어졌을까? 그녀는 이 부분을 통렬히, 그리고 반복해서 꼬집고 있었다.

"지금 아프리카 인구의 60%가 24세 이하입니다. 우리나라에 생산 환경을 만들고 일자리를 마련해야 합니다. 과거 우리는 아무것도 하지 않았고, 그래서 경제는 성장하지 않았습니다. 이제는 건설 기반이 있습니다. 아프리카 사람들과의 제휴가 필요합니다. 그렇지 않으면 10년 후에도 아프리카는 지금과 다르지 않을 겁니다."

그녀의 목소리는 침착했지만 강하고 단호했다.

"여러분, 원조보다는 투자와 무역을 해주세요. 그것이 아프리카를 돕는 방법입니다."

응고지 오콘조 이웰라 장관은 아프리카가 직면한 문제들에 대한 근본적인 해결책을 찾으려고 노력했다. 그것은 일시적인 원조가 아닌 아프리카가 스스로 성장할 수 있도록 사회기반시설을 갖춰 투자와 무역이 가능하도록 하는 것이었다.

그녀는 지금 우리가 가진 문제들에 대하여 근본적인 해결을 하지 않으면 10년, 20년이 지나도 달라지는 게 없을 것이라 말한다. 우리의 삶도 마찬가지다. 어떤 문제에 부딪히면 임시방편이 아니라 근본적인 해결 방법을 찾는 습관을 가지자. 10년 후 똑같은 문제를 안고 똑같은 고민을 하고 있어서는 안 되지 않는가?

66

사람들은 압박감을 즐기며 틀에서 벗어난 생각을 해야 한다는 게
불가능하다고 말할지 모릅니다.
그러나 우리는 그렇게 압박감을 즐기며 창의력을 발휘해왔어요.

99

마리사 메이어

야후 CEO_ 포브스 선정 세계에서 가장 영향력 있는 여성 22위

자기성장과 편안함은 공존할 수 없어요

YAHOO!

"야후는 재택근무를 전면 폐지하겠습니다. 6월 1일까지 모두 회사에 출근해 일하세요."

야후의 CEO인 마리사 메이어의 이와 같은 방침은 야후는 물론 미국 전역을 발칵 뒤집어 놓았다. 창의성을 요하는 IT업계는 출·퇴근과 재택근무가 자유로운 편이고, 맞벌이 부부를 위해 정부에서도 재택근무를 권장하고 있었다. 그녀의 방침은 언론은 물론 동종업계 관계자들도 신랄하게 비난을 할 정도였다.

"마리사, 요즘 재택근무 폐지 방침으로 여론이 시끄러워요. 꼭 이렇게 해야겠어요? 더군다나 마리사도 곧 출산을 앞두고 있잖아요."

"예. 꼭 필요해요. 이번에 확실히 '야후병'을 고쳐야 해요."

그녀는 얼마 전 보았던 주차장의 모습을 떠올리며 단호하게 대답했다.

며칠 전 야후 주차장에 들어선 메이어는 텅텅 비어 있는 자리들을 보며 화가 치밀었다. 그녀의 이전 회사인 구글에서는 늘 주차할 곳이 없어 몇 바퀴를 돌며 헤매기 일쑤였는데 야후 직원들은 재택근무나 외근을 핑계로 오후 시간에 자리를 비우는 경우가 많았다. 심지어 야후가 이미 죽어가고 있다고 생각한 것일까? 재택근무를 하며 창업을 준비하는 직원들도 허다했다.

'이러니 회사가 이 모양이 되었지.'

그녀는 한숨을 쉬며 회사에 들어섰다. 뭔가 대책이 필요했다.

한때 인터넷 포털 검색 사이트 1위를 차지할 정도로 성장했던 야후는 당시 업계에서 늙은이 취급을 받을 정도로 이미지가 추락한 상태였다. 최근 5년 간 다섯 번이 넘게 CEO가 교체되었고, 상장 폐지를 고민해야 할 정도로 주가는 바닥을 치고 있었으며, 투자자는 물론 직원들까지 야후가 회생이 불가능할 것이라 예상하며 서둘러 발을 빼고 있는 상황이었다.

벤처 정신으로 돌아가는 것. 그것만이 야후가 살아남을 수 있는 유일한 돌파구라고 그녀는 생각했다.

"최고의 결정은 복도에서, 카페테리아에서, 새로운 사람을 만나는 데서, 즉흥적인 회의에서 나옵니다."

그녀는 집이 아닌 회사 내에서 서로 얼굴을 마주하며, 자유롭게 소통하고 논의해야 동료애는 물론 일에 대한 열정도 생길 것이라 믿었다.

대신 회사 내의 직원 복지에 더욱 신경을 썼다. 직원들이 자유롭게 회의를 하며 점심을 즐길 수 있도록 카페테리아를 무료로 제공하였고, 육아로 고민하는 직원들을 위해 사무실 옆에 개인 돈을 들여 탁아 시설을 지었다. 야후 전 직원에게 스마트폰을 무상 공급하고, 작업 공간을 협업 가능한 형태로 재배치하는 등 직원들 간의 소통 창구를 넓히기 위해 노력하기도 했다. 또한 기업 내 비효율을 없애기 위해 직원투표를 실시하여 주차차단기를 제거하거나 스피드게이트의 속도를 개선하는 등 당장 실행이 가능한 것들 우선으로 하나씩 고쳐나갔다.

이러한 그녀의 노력 덕분일까? 재택근무 폐지로 불만이 가득했던 직원들은 점차 회사를 살릴 방안을 함께 연구하기 시작했다.

"PC시장 말고 모바일 쪽에 좀 더 집중을 하면 어떨까요?"

"맞아요. 데스크탑 시장에서는 구글에게 주도권을 빼앗겼지만 모바일 쪽은 충분히 승산이 있어요."

야후는 SNS 결합형 블로그 서비스인 '텀블러'와 애플리케이션 분석 서비스인 '플러리' 등의 20개가 넘는 모바일 관련 회사들을 적극적으로 인수하였다. 덕분에 부족했던 엔지니어들을 채용하고 여러 기술을 확보해 나가며 모바일 시장에서 점차 영역을 확보해 나갈 수 있었다.

이렇게 모두가 하나가 되어 고군분투한 결과 그들은 놀라운 성과를 이뤄냈다. 5년간 부동의 1위를 지켜온 구글을 꺾고 방문자 수 1위를 기록한 것이다. 주가도 2년 만에 15달러에서 50달러까지 치솟았고, 2014년 3분기에는 시장 전망치였던 10억 5천만 달러보다 앞선 10억 9천만 달러의 매출을 올릴 수 있었다.

그녀는 여전히 많은 비난을 받고 있다. 출산 후 2주 만에 회사에 복귀하고, 육아휴직을 쓰지 않는 등 CEO로서 주도해야 할 여성 복지 문화를 오히려 역행하고 있기 때문이다. 한 언론에서는 그녀를 두고 실리콘밸리의 '독재자'라고 비꼬았을 정도다. 하지만 이는 직원들을 다그치기 위한 방침이라기보다 열정적으로 일에 몰입하는 그녀의 삶이 자연스레 반영된 것으로 보인다. 그녀는 항상 편안한 길보다는 어려운 길을 택했다. 1999년 스탠포드대 컴퓨터공학 석사를 마친 뒤 굴지의 회사들로부터 많은 제의를 받았지만 그녀가 선택한 곳은 이제 갓 창업하여 제대로 수익조차 내지 못하고 있는 작은 회사였고(그 작은 회사는 지금 세계적인 기업으로 성장한 '구글'이다.), 입사 후 10년 넘게 터를 닦은 구글의 부사장 자리를 버리고, 잦은 교체로 인해 CEO들의 무덤이라고 불리는 야후로 이직하여 3년째 고군분투하고 있다. 이는 그녀가 얼마나 편안한 삶에 안주하지 않고 기꺼이 힘든 도전을 즐기는지 보여준다.

"Stay hungry, stay foolish."

죽음을 앞둔 스티브 잡스가 스탠포드대학교에서 연설을 하며 학생들에게 마지막으로 건넨 말이다. 마리사 메이어와 스티브 잡스는 참 많이 닮았다. 실제로 마리사 메이어는 구글에 근무할 당시 구글 화면의 한 가지 색상을 선택하는 것조차 깐깐하게 진행해 '구글의 스티브 잡스'라고 불렸다고 한다. 그들은 끊임없이 자신을, 자신의 목표를 발전시켜 나갔다.

자기 자신에게 좀 더 엄격해지자. 혹시, 당신의 청춘을 나태함으로 보내고 있지 않은가?

66

신속하게 변화하지 못하면 어려움을 겪을 수밖에 없어요.
모든 부분에서 이러한 습관을 벗어나기 위해 노력해야 합니다.

99

버지니아 로메티

IBM CEO_ 포브스 선정 세계에서 가장 영향력 있는 여성 13위

생각은 빠르게,
행동은 더 빠르게 하세요

IBM®

2013년 4월의 어느 날, IBM의 사내 전산망에 동영상이 하나 올라왔다. 이 5분짜리 동영상은 전 세계 43만 명의 직원들을 진땀 흘리게 만들었다. 바로 IBM의 CEO인 버지니아 로메티가 보낸 메시지였다.

"지금 우리가 어려움을 겪고 있는 이유는 신속하게 변화하지 못해서입니다. 우리는 이와 같은 관행에서 하루빨리 벗어나기 위해 노력해야 해요. 앞으로 모든 직원들은 소비자의 요청이나 질문에 24시간 안에 응답해주세요."

로메티는 지난 1분기 실적이 매출과 순이익에서 모두 시장 전망치를 밑돌자 이와 같은 규정을 통보했다.

이 짧은 동영상 속에서 울려 퍼진 그녀의 차분하지만 준엄한 목소리는, 무려 1세기가 넘는 시간 동안 전 세계 IT업계의 리더로서 추앙받던 '공룡' IBM이 지금보다 더 빨리 생각하고 빨리 움직이지 않으면 더 이상 IT업계의 리더가 될 수 없을 뿐 아니라, 살아남을 수조차 없다는 것을 강력히 경고하고 있었다.

버지니아 로메티는 1981년 시스템 엔지니어로 IBM에 입사 후 마케팅 전략담당 부사장을 거쳐 2012년 1월, IBM의 제 9대 CEO의 자리에 올랐다. IBM의 102년 역사상 최초의 여성 CEO가 탄생한 것이다.

빅 블루. 이는 IBM의 공룡 같은 면모를 잘 나타내주는 별명이었다.

지난 100년간 IBM의 푸른 로고는 전 세계의 IT산업의 상징 그 자체였다. 하지만, 100년이 넘는 시간동안 하드웨어 시장에만 집착해왔던 전략과 복잡한 조직들의 느린 의사결정 속도는 1990년대에 들어서자 스스로의 목을 죄는 큰 문제가 되어가고 있었다.

한때 전 세계의 컴퓨터 관련 시장을 쥐락펴락 하던 거대한 공룡 IBM은 1990년대 초 파산 위기에 몰려, 진화에 실패해 멸종해 가는 공룡처럼 서서히 그 마지막 가쁜 숨을 몰아쉬고 있었다. 이러한 IBM을 기사회생시킨 것은, 주주들마저 거센 비난을 할 수밖에 없었던 고강도의 구조조정이었다. 대규모 원가 절감과 수익을 잘 내지 못하는 제조업 분야의 매각 등, 비대한 조직을 잘 라내는 구조조정을 통해 IBM은 변신에 성공하며 비로소 정상 궤도로 돌아올 수 있었다.

결국, IBM이 살아남을 방법은 과거의 자신을 버리는 것이었다.

이후 다시 위기가 도래하였을 때, IBM은 자신들의 사업 중 가장 중요한 PC사업마저 매각하여 또다시 주주들의 비난을 초래했다. IBM이 더 이상 컴퓨터를 만들지 않겠다고? PC는 IBM 그 자체라고 봐도 무방하던 시장 아니던가. 하지만 경영진의 판단은 달랐다. PC는 이미 IBM만의 독자적인 기술이 하나도 남지 않았다고 봐도 될 만큼 기술이 평준화되어 누구나 따라 만들 수 있는 흔한 기술이 되어버렸다. 오히려 후발 주자들의 가격 경쟁력을 따라잡을 방법이 없는 상황이었다. 결국 IBM은 IBM다운 사업에 집중해야만 했다.

이 과감한 결정을 내린 것은 로메티의 전임 CEO였던 새뮤얼 팔미사노였다. 그가 PC 사업을 매각한 뒤 새로이 뛰어든 분야는 컨설팅과 서비스 사업이었다. 그 결과, IBM은 이번에도 변신에 성공하여 보란 듯이 큰 성공을 거두게 되었다.

이러한 성공 덕분에 IBM은 창립 당시의 모습이 전혀 남지 않게 되었다. 큰 덩치가 오히려 약점이 되어 멸종해버린 공룡과는 달리, 위기에 직면할 때마다 자신의 덩치를 줄이고 재빠르게 움직여 진화할 수 있게 되었다.

버지니아 로메티는 바로 이런 상황에서 CEO의 자리를 물려받게 된 것이다. IT분야의 쉴 새 없이 불어 닥치는 변화의 바람에 수많은 공룡 기업들이 도태되어 왔고, 그녀의 IBM 역시 똑같은 시험대에 올라 있다. 진화일까? 아니면 도태일까?

로메티가 제시한 IBM의 다음 진화 목표는 바로 클라우드 컴퓨팅과 빅데이터였다. 이 목표대로라면 IBM은 또다시 바로 어제까지 자신의 모습이던 그 과거와 단절하고, 새로운 모습으로의 변신을 위한 고통스러운 과정을 버텨내야 했다. 그리고 CEO가 어떤 방향을 제시하든, 그 결과가 나오기 전까지는 주주들의 불만이 하늘을 찌를 것이었다.

"그래요. 무엇을 하자는 것인지는 알겠어요. 하지만 어떻게 하면 해낼 수 있죠?"

주주들과 직원들의 불만 섞인 물음에 대한 그녀의 대답은, 직원들에게 보냈던 동영상 메시지에 나온 것처럼 '생각은 빠르게, 행동은 더 빠르게 하자'였다. 그녀는 회사 내의 무엇인가가 신속한 업무의 흐름이나 의사 결정을 느리게 만들 때는 곧바로 목소리를 내라고 직원들에게 강조했다. 공룡처럼 비대해진 IBM이 현실에 안주하면서 고객들 요구에 제대로 대응하지 못해 회사에 위기를 몰고 왔다고 생각한 것이다.

이는 기업에만 해당되는 것은 아니다. 우리의 삶도 그녀의 말처럼 빠르게 변신하여 적응하지 못하면 도태된다. 지금의 현실에 안주하지 말자. 항상 신속하게 생각하고 행동하는 적당한 긴장감이 필요하다.

이제 그녀가 택한 방향이 옳을지, 진화에 항상 성공해온 이 무섭도록 큰 기업이 또 한 번의 성공적인 진화를 이루어낼 수 있을지, 그 귀추가 주목되고 있다.

66

당신만의 스타일을 만드세요.
그리고 특별해지세요.
다른 사람들이 당신을 알아볼 수 있게.

99

안나 윈투어

보그 편집장_ 포브스 선정 세계에서 가장 영향력 있는 여성 28위

Anna Wintour

당신의 능력을 믿으세요
그리고 특별해지세요

뉴욕 맨하탄의 포시즌스 레스토랑. 명품 옷과 화려한 액세서리로 한껏 치장한 한 여인이 지인들과 식사를 하고 있었다.

"세계 패션 위크는 왜 항상 런던에서 처음 열리죠? 이번에는 뉴욕 컬렉션부터 보고 싶군요."

"그, 그게, 행사 순서는 이미 세계적으로 정해진 일이라…"

"매년 뉴욕 컬렉션이 마지막으로 열리니 의상 디자인에서 항상 표절 의혹을 받잖아요. 그러니 순서를 가장 앞으로 했으면 좋겠어요. 힘든가요?"

"아닙니다. 바로 조정하도록 하겠습니다."

그녀의 한마디에 패션 위크 담당자는 서둘러 핸드폰을 들고 지시를 내렸다.

그때였다. 어디선가 갑자기 죽은 너구리 시체가 그녀의 테이블 위로 던져졌다.

"이게 뭐야? 웨이터! 이것 좀 얼른 치우시오!"

테이블에 앉아 있던 사람들은 놀라서 비명을 지르며 자리를 피했다. 하지만 그녀는 죽은 너구리를 옆으로 밀어낸 후 말없이 식사를 이어갔다.

그녀의 이름은 안나 윈투어. 60대 중반의 나이에도 불구하고, 세계 패션을 주도하는 미국판 보그에서 28년째 편집장 자리를 지키고 있는 거장이다. 패션계에서 그녀의 명성과 영향력은 막대했다. 행사가 있을 때마다 그녀만을 위한 전용 출입구가 준비되었고, 그녀가 오지 않으면 쇼가 시작하지 않을 정도였다.

하지만 모피 착용의 찬성 입장을 공개적으로 밝힌 후 많은 동물 보호 단체로부터 비난을 받고 있었다. 누군가 그녀의 테이블에 죽은 너구리를 던진 것도 그러한 이유에서였다.

"당신같이 아무런 노력 없이 편하게만 살아온 사람이 남을 헤아리는 마음이 있을 리가 없지. 이기심으로 똘똘 뭉친 당신이 한심하다 못해 불쌍할 지경이오."

그녀는 사람들의 비난을 뒤로한 채 차에 올랐다.

'내가 당신들보다 아무 노력 없이 살았다고 어떻게 단정하지? 그리고 당신들이야말로 다른 입장을 인정하지 않고 있잖아.'

안나 윈투어는 눈을 감고 지난 시간들을 떠올렸다.

1970년, 19살의 윈투어는 패션에 뜻을 두고 대학 대신 한 잡지사의 패션 어시스턴트로 일을 시작했다. 콧대 높고 쟁쟁한 학벌을 갖춘 인재들이 넘치는 패션계에서 고졸의 학력에, 차갑고 독선적인 성격을 가진 그녀는 동료들과 쉽게 어울리지 못했다. 일에 대한 열정과 참신한 아이디어로 독창적인 작업을 해나갔지만 많은 편견 속에 무시를 당했고, 잦은 불화로 해고를 당하기도 하였다. 하지만 그녀는 그런 상황들에 개의치 않았다. 왜냐하면 지금의 모든 순간들이 최종 목표지인 '보그'로 가는 과정이라 여겼기 때문이다.

"제가 참여한 성과물은 아주 사소한 것이라도 반드시 제 이름을 표기해주세요."

그녀는 일을 할 때에 자신이 참여한 모든 부분에 반드시 이름을 적었다. 많은 사람들은 단지 일에 욕심이 많아서라고 여겼지만 사실은 보그 경영진의 눈에 띄기 위해서였다. 자신의 이름이 잡지 속에서 자주 노출되면 언젠가 그들이 관심을 보일 것이라 생각했기 때문이다.

예상은 적중했다. 1983년, 드디어 보그 출판자로부터 러브콜을 받아 꿈에 그리던 보그 잡지사에 입성했다. 그녀가 패션계에서 일을 시작한 지 13년 만의 일이었다. 하지만 여전히 남들과 다른 생각으로 잦은 마찰을 겪어야만 했다.

"윈투어 씨, 당신은 모델이 만 달러가 넘는 티셔츠에 50달러짜리 청바지를 입고 사진을 찍는 게 어울린다고 생각하는 거요?"

"거기다 기껏 유명 모델을 섭외해놓고는 왜 전신사진을 표지로 싣는 겁니까? 얼굴을 강조해야 사람들이 모델을 알아보고 잡지도 더 눈에 띄죠."

안나 윈투어는 시중에 판매되는 모든 잡지들이 당연하게 생각했던 기준들을 과감히 바꿔버렸다. 사람들은 보그가 지금보다 더욱 수렁에 빠지고, 그녀 또한 해고될 것이라 예상했다.

하지만 결과는 놀라웠다. 그간 고전을 면치 못하던 미국판 보그는 파격적인 시도와 변화로 130만부가 인쇄되었다. 이는 프랑스판 보그의 10배, 이탈리아판의 20배가 넘는 부수였다. 고가의 의류와 저렴한 의류를 조화시킨 시도는 독자들에게 참신함으로 다가왔고, 모델의 얼굴만을 부각시키던 표지 방식을 전신으로 하여 의상을 더욱 강조하니 의류업체들의 적극적인 지원도 이끌어 낼 수 있었다.

안나 윈투어는 '악마는 프라다를 입는다'라는 영화에서 '악마'로 표현될 정도로, 독단과 독선 때문에 많은 이들에게 비난의 대상이 되곤 한다. 하지만 목표한 자리에 오르기까지 보여준 그녀의 열정과 자신감을 부정하는 이는 거의 없다. 그녀가 보그 출판

자로부터 러브콜을 받기 전 보그 편집장과 면접의 기회를 가진
적이 있었다. 회사에 오면 어떤 일을 하고 싶은지 묻는 편집장의
질문에 이렇게 대답했다.

"사실 저는 편집장님이 지금 하는 일들을 하고 싶어요."

물론 자신의 자리를 노리는 그녀를 편집장이 채용할 리 없었
다. 그렇지만 몇 년 후 당당히 실력을 인정받고 그 자리를 꿰찰
수 있었다.

당신은 특별하다. 당신의 능력에 스스로 한계를 긋지 마라.

66

자신이 원하는 옷을 입고, 자신에게 의미 있는 일을 찾아야 합니다.
'너 왜 그런 일을 하니?'라고 묻는 사람도 있을 거예요.
그러나 스스로를 믿는다면 그런 이야기는 그냥 흘려버려도 됩니다.
그래야 어려운 상황에서도 자기 자신을 지킬 수 있어요.

99

미셸 오바마
미국 영부인_ 포브스 선정 세계에서 가장 영향력 있는 여성 10위

당신의 진짜 모습을 지키세요

'그녀의 얼굴은 불만이 가득한 화난 흑인 여성처럼 보인다.'

'그녀는 그저 돋보이길 좋아하는, 그녀의 의상만큼이나 가벼운 여자다.'

방송국으로 향하는 차 안, 미셸은 조용히 읽던 신문을 내려놓았다. 자신을 향한 인종 차별적인 비난과 편견에 익숙하면서도 그러한 말들은 여전히 가슴을 찢었다. 미국에서 흑인 여성으로 살아간다는 것은 많은 인내와 도전이 필요한 일이었다. 대학 시절, 백인 룸메이트는 같은 방으로 배정되자 즉시 방을 옮겨버렸고, 어디를 가나 까만 피부는 모욕과 차별의 대상이 되었다.

'몇 십 년이 지나도 달라진 게 없군.'

한 남자의 아내로, 두 딸아이의 엄마로 살아가는 지금, 더욱 강해져야 했다. 내 아이들에게까지 자신이 받은 여자로서, 흑인으로서의 차별을 물려줄 수는 없었다. 그것이 지금 대통령 선거에 나선 남편을 돕는 이유이기도 했다. 하지만 요즘 예상치 못한 부분에서 곤욕을 치르고 있었다.

"미셸 씨, 이제 선거가 얼마 안 남아서 당신에게도 시선이 집중되고 있어요. 오늘 방송에서는 의상에 좀 더 신경을 쓰는 게……."

남편인 버락 오바마 대통령 후보를 돕는 지인들은 그녀의 행동이나 의상을 두고 부정적인 반응이 나오자 조심스레 의견을 내었다. 그도 그럴 것이 어두운 색상의 차분한 정장을 입는 다른 후보자의 부인들과 달리 그녀는 밝은 색상의 의상이나 민소매 셔츠를 즐겨 입으며 유세에 나서고 있었다. 그런 그녀를 두고, 대통령의 영부인이 되기엔 너무 가볍고 자유분방하다는 부정적인 이미지가 지배적이었다.

"이게 평소 제가 즐겨 입는 옷이고, 이게 가장 저다운 모습이에요. 왜 사람들은 남의 의상에 그리 관심이 많죠?"

그녀는 대통령 후보의 부인이라고 해서 거짓된 자신의 모습을 만들고 싶지는 않았다. 중요한 건 그녀가 하는 연설의 내용이지 옷차림이 아니라고 생각했기 때문이다.

방송이 시작되자 역시나 가장 먼저 화제에 오른 것은 민소매

차림인 그녀의 의상이었다.

"미셸 씨, 오늘도 역시 개성 넘치는 멋진 모습이네요. 그 옷 가격을 추측해 보건데 아마도 6~7만불 정도 될 것 같은데요."

진행자인 제이리노는 밝은 분위기를 연출하기 위해 재치 있게 그녀의 의상을 칭찬했다.

"아니요. 이 옷들은 제이크루에서 사 입은 것이에요. 요즘같이 바쁠 때엔 더욱 온라인 쇼핑 덕을 많이 보고 있어요."

그녀의 뜻밖의 대답은 미국인들의 큰 관심을 받으며 상황을 역전시켰다. 제이크루는 중저가의 옷을 취급하는 회사로 많은 사람들이 편하게 즐겨 입는 대중적인 브랜드의 옷이었다. 전날 공화당 부통령 후보 세라 페일린의 의상의 가격이 15만불이었던 것에서도 알 수 있듯이 그동안 정치인들의 의상은 일반인이 범접하기 힘든 수준이라는 것은 너무도 당연하게 받아들여졌다. 튀는 색상, 노출이 있는 스타일만 부각되던 관심은 그동안 입었던 의상들의 저렴한 가격에 집중되었다. 이에 더해 방송에서 보여준 가공 없는 솔직한 대답들은 그녀를 더욱 친근하게 느끼게 해주었다. 노출을 좋아하는, 사회에 대한 불만이 가득한 흑인 여성이라는 편견을 깨고 그녀의 솔직함과 검소함이 빛을 발하기 시작한 것이다.

"저는 단지 제 자신이 되려고 노력할 뿐이고, 될 수 있는 한 진짜가 되려고 할 뿐이에요. 제가 모든 연설에서 전하려는 메시지는 '그냥 당신 자신의 모습을 지키라'는 거예요. 그것은 다른 사람 행세를 하지 않아야 다른 누구보다 나를 더 잘 알게 된다고 믿기 때문이죠."

그녀가 한 말에서도 알 수 있듯이 그녀의 삶은 대통령의 영부인이 된 후에도 다를 게 없었다. 백악관 남쪽 잔디에 텃밭을 가꾸며 가족의 건강을 생각하는 주부로서의 모습을 보였고, 아이들은 백악관 안에서도 자신들의 방은 직접 정리해야 하며, 아무리 공식 행사가 늦게 끝나도 반드시 학교에 출석해야 했다. 또한 방송에서는 흑인들이 겪는 차별과 인권 문제에 대해 자연스럽게 화제를 던지며 흑인의 입장을 대변하려 노력했다.

"상점에 가면 손님들이 제 남편과 저를 상점 직원으로 알고 질문을 할 때가 많았어요."

이는 여전히 미국 사회에 만연한 흑인에 대한 차별적인 인식을 우회적으로 꼬집은 발언이었다. 이러한 솔직함은 '미셸 효과'라는 말이 나올 정도로 많은 이들의 공감을 얻으며 현재 그녀는 버락 오바마 대통령보다 더 큰 인기를 누리고 있다.

"주위를 둘러보면 여러분의 잠재력을 믿고 응원하는 사람들이 많이 있어요. 그러니 포기하지 말고 원하는 것을 이루세요. 여러분은 모두 그럴 만한 힘을 가지고 있어요."

미셸 오바마는 영부인이 된 후 많은 학생들을 만나며 그들이
얼마나 소중한 사람인지 깨닫게 해주기 위해 노력한다. 그리고
주변의 비아냥거림이나 편견에 당당히 맞서라고 말한다. 그녀가
그랬듯이 말이다.

당신은 어떠한가? 혹시 다른 사람의 시선이나 말에 집착하지 않
는가? 당신은 그 자체로 충분히 빛나는 사람이다. 그리고 그 모습을
지켜줄 수 있는 사람은 당신 자신뿐이라는 것을 잊지 말길 바란다.

2015 포브스 선정 목록
세계에서 가장 영향력 있는 여성 100인
The World's 100 Most Powerful Women

01 Angela Merkel ㅣ Germany ㅣ Politics

02 Hillary Clinton ㅣ United States ㅣ Politics

03 Melinda Gates ㅣ United States ㅣ Philanthropy/NGO

04 Janet Yellen ㅣ United States ㅣ Finance

05 Mary Barra ㅣ United States ㅣ Automotive

06 Christine Lagarde ㅣ France ㅣ Philanthropy/NGO

07 Dilma Rousseff ㅣ Brazil ㅣ Politics

08 Sheryl Sandberg ㅣ United States ㅣ Technology

09 Susan Wojcicki ㅣ United States ㅣ Technology

10 Michelle Obama ㅣ United States ㅣ Politics

11 Park Geun-hye ㅣ South Korea ㅣ Politics

12 Oprah Winfrey ㅣ United States ㅣ Media

13 Ginni Rometty ㅣ United States ㅣ Technology

14 Meg Whitman ㅣ United States ㅣ Technology

15 Indra Nooyi ㅣ United States ㅣ Business

16 Cristina Fernández de Kirchner ㅣ Argentina ㅣ Politics

17 Irene Rosenfeld ㅣ United States ㅣ Business

18 Ana Patricia Botín ㅣ Spain ㅣ Finance

19 Abigail Johnson ㅣ United States ㅣ Investments

20 Marillyn Hewson I United States I Manufacturing

21 Beyoncé Knowles I United States I Celebrity

22 Marissa Mayer I United States I Technology

23 Helen Clark I New Zealand I Philanthropy/NGO

24 Safra Catz I United States I Technology

25 Angela Ahrendts I United States I Technology

26 Ellen Kullman I United States I Business

27 Michelle Bachelet I Chile I Politics

28 Anna Wintour I United States I Media

29 Ursula Burns I United States I Technology

30 Arundhati Bhattacharya I India I Finance

31 Sri Mulyani Indrawati I Indonesia I Philanthropy/NGO

32 Ruth Porat I United States I Technology

33 Lucy Peng I China I Technology

34 Loretta Lynch I United States I Politics

35 Chanda Kochhar I India I Business

36 Federica Mogherini I Italy I Politics

37 Gina Rinehart I Australia I Metals & Mining

38 Nancy Pelosi I United States I Politics

39 Adena Friedman I United States I Finance

40 Ewa Kopacz I Poland I Politics

41 Queen Elizabeth II I United Kingdom I Politics

42 Sheikha Lubna Al Qasimi I United Arab Emirates I Politics

43 Ho Ching I Singapore I Business

44 Laurene Powell Jobs I United States I Technology

45 Renée James I United States I Technology

46 Drew Gilpin Faust I United States I Philanthropy/NGO

47 Ertharin Cousin I United States I Philanthropy/NGO

48 Ngozi Okonjo-Iweala I Nigeria I Politics

49 Samantha Power I United States I Politics

50 Ellen DeGeneres I United States I Celebrity

51 Amy Hood I United States I Technology

52 Bonnie Hammer I United States I Media

53 Mary Callahan Erdoes I United States I Finance

54 Angelina Jolie I United States I Celebrity

55 Beth Comstock I United States I Business

56 Phebe Novakovic I United States I Business

57 Sofía Vergara I Colombia I Celebrity

58 Donna Langley I United Kingdom I Media

59 Sheikh Hasina Wajed I Bangladesh I Politics

60 Katie Jacobs Stanton I United States I Media

61 Arianna Huffington I United States I Media

62 Margaret Chan I China I Philanthropy/NGO

63 Mary Jo White I United States I Politics

64 Taylor Swift I United States I Celebrity

65 Rosalind Brewer I United States I Business

66 Nemat (Minouche) Shafik I United Kingdom I Politics

67 Lubna S. Olayan I Saudi Arabia I Business

68 Peng Liyuan I China I Politics

69 Zhang Xin I China I Real Estate

70 Güler Sabanci I Turkey I Business

71 Elvira Nabiullina I Russia I Politics

72 Elizabeth Holmes I United States I Healthcare

73 Tory Burch I United States I Fashion and Retail

74 Dana Walden I United States I Media

75 Diane von Furstenberg I United States I Fashion and Retail

76 Carol Meyrowitz I United States I Business

77 Mary Meeker I United States I Technology

78 Solina Chau I Hong Kong I Technology

79 Miuccia Prada I Italy I Fashion and Retail

80 Katharine Viner I United Kingdom I Media

81 Shakira Mebarak I Colombia I Celebrity

82 Yao Chen I China I Celebrity

83 Fabiola Gianotti I Italy I Philanthropy/NGO

84 Padmasree Warrior I United States I Technology

85 Kiran Mazumdar-Shaw I India I Medicine

86 Kaci Kullmann Five I Norway I Philanthropy/NGO

87 Folorunsho Alakija I Nigeria I Oil

88 Judy Faulkner I United States I Healthcare

89 Patricia Harris I United States I Philanthropy/NGO

90 Gwynne Shotwell I United States I Construction & Engineering

91 Sara Blakely I United States I Fashion and Retail

92 Risa Lavizzo-Mourey I United States I Philanthropy/NGO

93 Shobhana Bhartia I India I Media

94 Beth Brooke-Marciniak I United States I Business

95 Weili Dai I United States I Technology

96 Ellen Johnson-Sirleaf I Liberia I Politics

97 Raja Easa Al Gurg I United Arab Emirates I Business

98 Jenny Lee I Singapore I Technology

99 Greta Van Susteren I United I States Media

100 Lee Boo-Jin I South Korea I Service

세계에서 가장 영향력 있는 인물 73인
The World's Most Powerful People

01 Vladimir Putin I Russia

02 Angela Merkel I Germany

03 Barack Obama I United States

04 Pope Francis I Roman Catholic Church

~~~~~~

05 Xi Jinping I China

06 Bill Gates I Bill & Melinda Gates Foundation

07 Janet Yellen I Washington, United States

08 David Cameron I United Kingdom

09 Narendra Modi I India

10 Larry Page I Google

11 Mario Draghi I European Central Bank

12 Li Keqiang I China

13 Warren Buffett I Berkshire Hathaway

14 Salman bin Abdulaziz Al Saud I Saudi Arabia

15 Carlos Slim Helu I América Móvil

16 Francois Hollande I France

17 Jeff Bezos I Amazon.com

18 Ali Hoseini-Khamenei I Iran

19 Mark Zuckerberg I Facebook

20 Jamie Dimon I JPMorgan Chase

21 Benjamin Netanyahu I Israel

22 Jack Ma I Alibaba

23 Christine Lagarde I International Monetary Fund

24 Jeffrey Immelt I General Electric

25 Rex Tillerson I Exxon Mobil

26 Lloyd Blankfein I Goldman Sachs Group

27 Tim Cook I Apple

28 Akio Toyoda ㅣ Toyota Motor

29 Charles Koch ㅣ Koch Industries

30 Sergey Brin ㅣ Google

31 Li Ka-shing ㅣ CK Hutchison Holdings

32 Doug McMillon ㅣ Wal-Mart Stores

33 Jay Y. Lee ㅣ Samsung Group

34 Larry Fink ㅣ BlackRock

35 Rupert Murdoch ㅣ News Corp

36 Mukesh Ambani ㅣ Reliance Industries

37 Dilma Rousseff ㅣ Brazil

38 Elon Musk ㅣ Space Exploration Technologies Corp.

39 Khalifa bin Zayed Al-Nahyan ㅣ United Arab Emirates

40 Ban Ki-moon ㅣ United Nations

41 Shinzo Abe ㅣ Japan

42 Ding Xuedong ㅣ China

43 Park Geun-hye ㅣ South Korea

44 Michael Bloomberg ㅣ Bloomberg

45 Jim Yong Kim ㅣ World Bank

46 Kim Jong-un ㅣ North Korea

47 Igor Sechin ㅣ Rosneft

48 Ma Huateng ㅣ Tencent

49 Abdel el-Sisi ㅣ Egypt

50 Haruhiko Kuroda ㅣ Japan

51 Masayoshi Son | Softbank

52 Enrique Pena | Nieto Mexico

53 Ali Al-Naimi | Saudi Arabia

54 Alexey Miller | Gazprom

55 Lakshmi Mittal | ArcelorMittal (ADR)

56 Robin Li | Baidu

57 Abu Bakr al-Baghdadi | Islamic State in Iraq and Syria

58 Hillary Clinton | United States

59 Michael Dell | Dell

60 John Roberts | United States

61 Satya Nadella | Microsoft

62 Stephen Schwarzman | Blackstone Group

63 Ginni Rometty | IBM

64 Bill Clinton | Bill, Hillary & Chelsea Clinton Foundation

65 Mary Barra | General Motors

66 Bernard Arnault | LVMH Moet Hennessy Louis Vuitton

67 Alisher Usmanov | Metalloinvest

68 Wang Jianlin | Dalian Wanda Group

69 Justin Trudeau | Canada

70 Carl Icahn | Icahn Capital Management

71 Aliko Dangote | Dangote Group

72 Donald Trump | Trump Organization

73 Margaret Chan | World Health Organization

1판 1쇄 인쇄 2016년 1월 15일
1판 1쇄 발행 2016년 1월 20일

지은이 이은영

발행인 양원석
편집장 김순미
책임편집 백지영
디자인 RHK 디자인연구소 마가림, 김미선
일러스트 안다연
해외저작권 황지현
제작 문태일
영업마케팅 이영인, 양근모, 전연교, 정우연, 이주형, 김민수, 장현기, 정미진, 이선미

펴낸 곳 ㈜알에이치코리아
주소 서울시 금천구 가산디지털2로 53, 20층 (가산동, 한라시그마밸리)
편집문의 02-6443-8916   **구입문의** 02-6443-8838
홈페이지 http://rhk.co.kr
등록 2004년 1월 15일 제2-3726호

ISBN 978-89-255-5842-4 (03300)